数字化转型实战

企业进化方法论与解决方案

陈睿峰——著

化学工业出版社
·北京·

内 容 简 介

随着时代的飞速发展，经济产业环境也在不断革新。为了保持竞争优势，企业需要不断对经营模式做出相应调整。如今，物联网、大数据、人工智能等新技术的发展，让人类社会进入了数字化时代，数字化转型也就成为企业的当务之急。

《数字化转型实战：企业进化方法论与解决方案》一书共分为三篇。上篇带领读者对数字化转型这一概念建立系统认知，夯实理论基础；中篇将知识体系与企业现状相结合，探讨利用数字化转型为企业经营赋能的方法；下篇则带领读者来到实战阶段，对数字化转型的规划与落地进行详细指导。

本书从企业的角度出发，围绕数字化转型这一全新的经营思路，帮助企业抓住机遇，紧跟时代步伐，以焕然一新的形象迎接未来的挑战。

图书在版编目（CIP）数据

数字化转型实战：企业进化方法论与解决方案 / 陈睿峰著. —北京：化学工业出版社，2022.5
ISBN 978-7-122-40803-7

Ⅰ.①数… Ⅱ.①陈… Ⅲ.①数字技术—应用—企业管理 Ⅳ.① F272.7

中国版本图书馆 CIP 数据核字（2022）第 027865 号

责任编辑：刘　丹　夏明慧
责任校对：赵懿桐　　　　　　　　装帧设计：史利平

出版发行：化学工业出版社（北京市东城区青年湖南街 13 号 邮政编码 100011）
印　　装：大厂聚鑫印刷有限责任公司
710mm×1000mm　1/16　印张 13½　字数 227 千字　2022 年 6 月北京第 1 版第 1 次印刷

购书咨询：010-64518888　　　　售后服务：010-64518899
网　　址：http://www.cip.com.cn
凡购买本书，如有缺损质量问题，本社销售中心负责调换。

定　　价：59.00 元

前言

2020年5月13日，国家发展和改革委员会官网发布了“数字化转型伙伴行动倡议”，由此，在政府的助力下，中小微企业的数字化转型成为经济发展的重点。

在数字化技术发展的推动下，市场竞争变得更加激烈，众多行业都发生了颠覆性的变革，也创造了许多难能可贵的发展机遇。大部分企业虽然已经认识到了利用先进的数字化技术与培养数字化思维意识的重要性，但是依旧缺乏数字化经济的相关知识和技能，难以将心中的构想落到实处。

很多企业之所以迟迟不敢迈出数字化转型的第一步，是因为不知道该从何了解、如何入手。本书围绕数字化转型，深入浅出地为读者梳理知识脉络，从理论转化到实践，带领企业走稳数字化转型的每一步。

本书共分为三篇。上篇三章主题为建立对数字化转型的系统认知，主要内容包括建立数字化时代全局视野、数字化转型的价值与意义、关于数字化转型的思想误区、数字化转型的成功案例、数字化转型中涉及的五项新技术等。

中篇七章为全书的重点，主题为数字化转型多维度赋能企业，从商业模式、组织管理、采购供应、生产制造、新零售、营销、服务七大角度，分别分析了如何将数字化与企业运营相结合，提高企业的综合能力，为企业注入全新的活力。

下篇四章主题为数字化转型如何规划和落地，将理论知识悉数投入实践，由拟定详细的操作方案开始，阐释了企业应如何做好数字化转型，为企业提供了有效的方法论，并着重介绍了新兴的中台战略，多角度解析了数字化转型对企业的影响。

本书的语言朴实直白、通俗易懂，内容全面，案例丰富。希望能为企业领导者提供可靠、有效的帮助，使企业在数字化转型浪潮中立于不败之地。

著者

目录

上篇　建立对数字化转型的系统认知

第②章

积蓄能量：开启数字化转型之路 // 14

第❸章

驱动力：数字化转型涉及的技术 // 34

第⑧章

新零售数字化：让交易不再普通 // 117

第❾章

营销数字化：解锁爆红的密码 // 133

第 ⑩ 章

服务数字化：转化率不断提升 // 142

下篇 数字化转型如何规划和落地

第 ⓫ 章

数字化转型从拟订方案开始 // 156

第 ⑫ 章

企业如何做好数字化转型 // 167

第 ⓭ 章

数字化转型利器——中台战略 // 180

第 ⑭ 章

数字化转型决心——企业成长战略决策 // 191

上篇

建立对数字化转型的系统认知

第 1 章

全局视野：数字化时代已经来临

Sourceability 亚太区执行总经理王震旻曾这样评价数字化："在这个时代，数字化一切和数字化转型是大势所趋，所有行业，包括供应链在内，要么数字化，要么被淘汰。"

互联网技术的发展改变了人们的生活方式，也改变了企业的经营方式。数字化时代已经来临，数字化与各个行业的融合，是这个时代最大的变量。可是，企业又该如何抓住数字化转型的机遇呢？

1.1 数字经济驱动社会发展

物联网、大数据、人工智能等新技术的发展，让人类社会进入了数字化时代。当今社会，数字化成为社会变革的驱动力，从根本上改变了传统生产方式和商业模式，推动社会发展并产生了深刻变革。

1.1.1 引发新一代智能革命

人类社会迄今历经了三次工业革命。第一次革命，蒸汽机的发明，提高了生产力；第二次革命，电力的发现，改变了人们的生活方式；第三次革命，原子能、电子计算机的发明，改变了社会经济结构。而如今数字经济的出现，将引发新一轮的智能革命，将人类带入信息社会。

2020 年，我国 1 ～ 11 月网上零售额为 10.5 万亿元，其中实物商品占比达 25%，这意味着我国居民有四分之一的商品是通过网络购买的。可见作为数字经济的先行者，电商和网络支付正处于飞速发展阶段。《华盛顿日报》曾报道，一个经济学家曾评论新型冠状病毒肺炎疫情把 2030 年提前到了 2020 年，即上班变成了居家上班，线下消费变成了网上消费，十年后的场景被提前到了十年前来实现，所以，数字经济社会将比人们想象的更快到来。

数字经济推动着产业数字化、网络化、智能化的进程，未来所有的企业都将是数字化公司。数字化手段改变了产品开发、设计、制造和服务过程，让企业的生产效率更高。可以说，哪个企业能率先实现数字化转型，哪个企业就能抢占智能革命的先机，否则就会在新的市场环境中处于被动地位。

随着数字经济和科学技术的发展，数字孪生技术也即将实现。简单来说，数字孪生技术就是数据化人类所有的经济活动，并用数学模型将人类生产、分配、流通、消费的全过程表达出来。通过对数据的调整，人们就能调节和控制人类经济活动的运转过程。

例如，城市交通管理智能化。在每个十字路口安装摄像头并与计算机连接，根据每个方向的车流量，自动调节红绿灯时间，实现红绿灯时长柔性控制。这个装置可以帮助十字路口提高 30% 的汽车通行效率。如果全国所有的十字路口都用数字孪生技术来控制，不仅能大大提高通行效率，还能提高社会运转效率。

除此之外，如果所有的工业生产也能应用数字孪生技术加以改造，全社会的劳动生产率也将大大提高。这将帮助人类社会向前迈进一大步。

面对数字经济的到来，企业应当紧跟时代的步伐，加大研发投入，积极将技术应用到实践中去。只有这样，企业才能跟上智能革命的步伐。

1.1.2 企业平台化：改善资源配置

亚马逊创始人贝索斯曾说：“决定你是谁的，不是你的天赋，而是你的选择。每个人取得的成就不一样，最重要的是他们在各个节点上的选择是什么。”

随着数字经济和科学技术的发展，企业将迎来平台化时代。简单的、重复的体力劳动会被机器替代，人们的主要工作是解决创造力和深层次服务的问题。原来只要有好渠道、好地段就有竞争力，现在互联网崛起，空间竞争优势逐渐消失，时间、效率、敏捷成为企业最稀缺的资源。

因此，在这个时代，企业应该具备“进化”的能力，激活人的创造力、能动性，突破时间和空间的限制，改善资源配置，在生产、营销、决策、管理等环节都实现高效和敏捷。

未来的企业组织一定是数据型组织，通过数据提高做事效率，通过效率提高企业效益。如何通过数据提高效率？办法就是让企业组织智能化，改变管理模式，由控制人变为控制绩效、流程，逐渐从金字塔形向扁平化过渡。

组织扁平化能让组织实现信息对称。信息高度对称的组织就像安装了智能路灯，扯皮、推诿的现象会越来越少。另外，减少组织中的管理层次，能缩短决策链条，自然就可以提高管理效率。

很多互联网公司都在内部推行扁平化的管理方式，从雇佣模式变为阿米巴经营模式，将内部划分为一个个小的组织单元，给员工充分分权，让其充分发挥主观能动性。因此，未来的企业组织会逐渐向平台化发展，平台上有各种独立运转的小单元，就像航空母舰上面搭载的各种飞机一样。

除此之外，组织职能也会发生变化，由原本的侧重管理变为侧重文化和价值观的打造。未来的企业组织就像一个足球队，大家有共同的目标，而每个人可以独立，也可以根据变化实时协同、补位。企业决策层会从管理者变成服务员，从组织中心人员，变为负责保证组织系统连接、协同的“轴承”。

1.1.3 疫情背景下的数字经济

2020 年，新型冠状病毒肺炎疫情期间，我国经济受挫，消费领域受到明显冲击。但与此同时，数字经济消费的作用却因此得到了凸显，成为发展的新风口。

疫情防控期间，各行各业停摆，人们隔离在家精神需求急需满足，游戏、电子书、视频等线上内容成为人们打发时间的选择，视频影音、手游消费规模暴涨。为满足办公、医疗、教育等基础民生需求，线上办公、远程诊疗、网络教育等模式得到了大范围推广。中国移动云视讯、腾讯会议等都为用户提供了免费的视频会议、线上打卡等服务；阿里巴巴出品的钉钉向企业开放了免费的“在家办公”系统；京东健康上线了“京东义诊”服务；中国大学MOOC平台为延期开学的高校免费提供服务，以满足用户的学习需求。

疫情防控期间还催生了“无人接触”数字经济消费新场景。因疫情需减少人员接触，服务机器人、无人超市、无人机配送等技术逐渐应用到商业中来，多家医院、酒店、连锁超市尝试用机器人承担送药、送餐、回收垃圾等工作，降低了交叉感染的风险。

疫情防控期间，人们外出采买活动减少，转为线上购物，“宅”经济兴起，数字经济消费需求激增。经过疫情的磨砺，线上文娱、远程医疗、网络教育、电商平台等疫情催生的数字经济消费模式慢慢成为传统线下消费模式的重要补充力量。随着对消费者数字经济消费习惯的不断巩固，数字经济将提前迎来黄金期。

1.2 数字化带来的影响

数字化将彻底改变人们的生活，如网上购物、网上银行、新基建、共享经济等，突破了时间和空间的限制，为人们的生活带来了极大的便利。新时代，企业要进一步解决好数字化发展所面临的挑战，不断满足人们对美好生活的向往。

1.2.1 实体经济和需求端的变化

大数据、人工智能、物联网等新技术的广泛应用，使数字经济与生产生活呈现全面融合的趋势。中国信息通信研究院报告显示，2019年数字经济对经济增长的贡献率为67.7%，我国数字经济发展优势明显，在规模上也属于世界前列。但目前我国数字经济和实体经济只在局部领域有所融合，数字经济的巨大潜能还远没有释放出来。

数字经济和实体经济的融合，不仅在于提高技术、完善基础设施，还要创新发展产业组织，优化经济结构，以培育产业生态为抓手。

当前，数字经济的实践大都集中在数字技术层面，通过应用数字技术提高经济效益，但这只是提高了局部的效率和效能，并没有变革整个社会的生产方式。真正的数字经济和实体经济的深度融合应该要借助实体经济数字化改进全社会、全产业、全要素资源配置的效率，实现全社会经济的高质量发展。

因此，数字经济和实体经济的深度融合要以产业为核心，从资源配置方式和价值创造模式上规划融合发展的路径，使产业由原来的产供销线性关系向多维的生态化方向发展。推动产业生态化发展需将数据作为核心生产要素，解决数据资产属性和数字标准问题，构建新的产业标准和产业体系，这需要突破现有部门、行业、产业、政策的制约，将是一项长期、复杂、紧迫的工作。

无论实体经济还是数字经济，其根本目标都是满足人的需求。因此，数字经济也使需求端发生了改变。在数字时代，人的需求被数字化了。人们习惯了用各种应用程序解决问题，例如吃饭可以网上订餐、出行可以预约出租车、娱乐可以打开手游和视频软件等。虚拟生活的体验不断优化，人们生活的方方面面都可以一键搞定，随着数字化的普及，虚拟生活将在人们生活中占更大的比重。

这就是数字经济和实体经济的融合结点。人的信息最容易抓取且便于数据化表达，而且这些信息与产业有直接关联。因此，以人的需求为中心，重新定义产业、产品和服务，能从底层为产业融合发展奠定基础，解决数据标准千差万别的问题，解决数据孤岛的问题。

数字经济和实体经济深度融合要从需求端整合信息，以个人信息为基础，打通全社会数据，为产业数据流动提供标准。重新定义产业，使产业向生态化方向发展，重构数字经济和实体经济深度融合的产业标准和产业体系，抢占数字经济时代的话语权。

1.2.2 新基建与共享经济

2018 年 12 月，新型基础设施建设（以下简称“新基建”）的概念首次被提出，新基建包括特高压、新能源汽车充电桩、5G 基站、大数据中心、人工智能、工业互联网、城际高铁和城市轨道交通七大领域。其中，新兴数字化技术的应用是新基建的重中之重。数字化新基建不仅能短期创造投资机会、培育共享经济增长点、加速“数字中国”的到来，还能推动实现国家治理现代化。

1. 实现传统 4G 向 5G 网络转型

新基建进一步完善了通信拓扑架构，加快 5G 网络商用。原本的 4G 基础网络升级为 5G 信号基站，实现全国各地的 5G 网络全覆盖。另外，新基建加速推进 5G 与其他网络行业融合，智能终端、物联网等数字经济产业的发展开创了全景视频直播、虚拟仿真实验、远程医疗等新兴场景。

2. 实现传统制造业向智能制造转型

新基建壮大了人工智能产业，推动传统制造业的转型升级。以智能汽车为例，新基建针对新能源标准构建了“互联网+充电基础设施”配套体系，发挥了产业带动作用。另外，新基建汇聚了科研院所、企事业单位等科研力量，建立了产、教、研综合孵化基地，提高了核心技术水平，以促进传统制造业向智能制造转型。

3. 实现传统工业信息化向工业互联网转型

新基建在已有工厂的工业化和信息化融合的基础上，提高了企业的电子通信、广电网络覆盖率，推动传统工业在更大范围上与“互联网+”深度契合。另外，新基建通过建设工业互联网产业园、智能工厂等，培育了配套工业软件产业，实现了工业产品全生命周期的现代化制造。

4. 复兴共享经济

我国的共享经济大多并非真正的共享，而是科技公司主导的租赁商业模式，其主要目的是获取用户数据。想要实现真正的共享，企业除了要解决数据问题，提高运营效率，还要借助新基建挖掘更丰富的应用模式。

借助新基建，企业将以较低的成本获取人工智能服务，因此，更多新技术也将应用在不同的场景中。例如，AI 探伤技术可以对车辆进行智能探伤定损，确定车辆受损情况及损伤级别。当这个应用普及时，共享车辆可以快速定损，智能连接维修企业，提高车辆流转的效率。

新基建也将加速无人驾驶技术的落地。借助共享平台，汽车可以真正实现无人、共享。试想，人们在网络平台下单，汽车会自动上门、自动停车、自动清洁，不仅降低了取车、还车成本，还降低了公司的运营成本。

1.3 积极布局：顺应数字化时代

数字化的浪潮已经来临，企业应更新底层的经营逻辑。这是因为数字化时代不同于工业化时代，企业无论是在增长速度、价值获取方式，还是战略规划上都发生了改变。对此，企业只有顺应数字化时代的发展趋势，积极布局，转型升级，才能把握住新的发展机遇。

1.3.1 战略调整：从竞争走向合作

数字化时代商业文明的典型特征是开放共享。传统企业竞争是此消彼长的，有人多占据市场资源就有人少占，而数字化时代是通过建立一个平台，让企业的合作伙伴、客户、消费者能共享资源，保持产业链上下游的及时同步，实现协同共生。

从竞争走向合作，企业的所有发展空间都是变大的。工业时代比的是企业之间的比较优势，即谁能更好地满足客户的需求，而数字化时代是创造顾客的需求，不是比谁更优秀，而是企业能与谁合作为客户创造更多价值。

简单来说，过去经营企业问三件事情：第一，想做什么（初心和梦想）；第二，能做什么（资源和能力）；第三，可做什么（产业条件）。数字化时代经营企业这三个问题的含义就变了：第一，想做什么（自我新定义）；第二，能做什么（与谁合作，连接什么资源）；第三，可做什么（资源如何跨界）。

企业进行数字化布局，要先调整战略，从竞争思维向合作思维过渡，尽可能连接更多的资源，把蛋糕做大，才能获得更多的利益。

1.3.2 打造共生型组织

过去管理企业习惯把企业分成战略部、投资部、财务部、营销部等，因为这样划分工作效率最高。但在数字化时代，这样的组织结构已经很难有高效率了，因为部门之间很难协同，企业各部门之间始终存在着高高的围墙，无论是信息传达还是沟通协作都会“慢半拍”。因此，企业要将部门之间的“墙”打掉，将企业看成一个整体。

管理其实是一个整体概念。整个企业都要以客户为中心，客户在哪里，企业的边界就在哪里，而且人和成本都要为客户创造价值。以整体思维管理企业，企业才能协同高效，创造更大的价值。如果一个企业内部价值观存在分歧，内部人员不睦，那么优秀人才是不会加入的。因此，企业要学会打造共生型组织。

共生型组织指的是不同组织之间为相互合作的关系，每个组织具有充分的独立性和自主性，但同时组织之间资源和信息共享，彼此共同促进，缺少任何一方都无法实现高水平发展。为什么企业一定要打造共生型组织？因为企业内部任何独立的组织都无法独立满足客户整个价值的要求，各个部门必须形成共生网络，才有更大的机会创造价值。

企业想做到共生，实现领先发展，需达到四重境界：第一，共生信仰，相信共生能带来价值；第二，客户主义，相信客户能为企业带来更多可能性；第三，技术穿透，运用技术提升生产效率；第四，无我领导，帮助更多人成长，让所有相关的人都有所作为。

1.3.3 如何做到协同效应

企业要如何才能实现协同发展呢？笔者认为可以做以下六件事情。

1. 重新设计企业边界

企业边界指的是企业发展的各种要素，包括人、资金、技术、场地等。这些要素组合起来的效率比别人高，成本比别人低，企业就有竞争力。所以，企业转型一定要关注边界，如果企业不能做边界融合、边界重构，就会被淘汰。

2. 建立更广泛的信任

企业能否做好，除了自身拥有的资源外，还取决于能否跟陌生人建立广泛的信任关系。这一点最重要的是转变理念，从与合作方互为主客体变为与合作方互为主体。例如，企业与供应商，如果仅是供应商供应企业，双方就是互为主客体关系；如果是供应商让企业更有竞争力，双方就是互为主体关系。就像老师上课总会遇到一些更有想法的学生，他们积极思考，总想挑老师毛病，这时老师想把课上下去，就要以学生为主体。

3. 组织内协同

如果企业内部不能协同，那么在外部也很难与别人协同。企业一定要把现有的企业结构做重组，让每个人都愿意去负责，去帮助别人，而不是只关注自己的位子。推进内部协同最重要的就是强化责任意识，让每个人正确理解自己的角色，把工作当成自己的事而不是企业的事。

4. 组织外协同

打造共生组织的最终目的是跟外部资源做协同。这需要企业与外部资源互为主体，加强彼此之间的联系，共同挖掘更大的价值。今天，我国市场正面临着国际化的挑战，如果企业闭关绝市，不敢走向全球化，其实是扼杀了自己的发展机会。

5. 协同价值取向

企业协同发展最重要的一步就是协同价值取向，合作双方都愿意付出，而不是自己赚钱自己花。只有让合作伙伴都能发展得很好，才能实现协同效应，获取更大的财富。

6. 协同管理行为

如今是一个变革的时代，发展与机遇并存，变革时代最大的危险不是变化本身，而是依然用过去的思维方式做事。企业应当把握好数字化带来的变化，积极将其应用到管理当中，彻底革新传统的经营方式，才能找到新的发展机会。

第 2 章

积蓄能量：开启数字化转型之路

数字经济正在重构全球经济版图，催生了新一轮的科技革命和产业革命。我国非常重视数字经济发展，要求做大做强数字经济，推动数字经济与实体经济深度融合，加快各产业数字化发展。面对数字经济的大趋势，各企业要积蓄能量，开启数字化转型之路，以迎接即将到来的机遇与挑战。

2.1 数字化转型势不可挡

世界经济数字化转型是大势所趋，它将深刻影响人类社会的发展。当前，我国正在积极推动各产业加速向数字化、智能化发展，企业数字化转型已势不可挡。

2.1.1 供需差异促使消费不断升级

中国轻奢消费趋势指数对广大消费者的消费趋势进行了分析，分析结果显示，随着我国居民可支配收入的提升和数字经济的飞速发展，我国正迎来一个消费升级的时代。其中轻奢消费呈较为明显的上升趋势，轻奢产品逐渐被越来越多的消费者认知和接受，具体表现在消费理念和消费行为两方面。

在消费理念方面，消费者对产品品质和环保属性等方面有了新的需求，健康、绿色、高品质产品广受消费者欢迎，而低价产品逐渐失去竞争力。另外，消费者开始对有较强精神属性的产品或服务产生需求，关注身心健康，注重家庭幸福感和娱乐享受。对此，会员定制以及小众娱乐产品层出不穷，各品牌开始关注提升产品服务。

在消费行为方面，消费者对与提升生活质量直接相关的产品有了更高的要求，其中汽车、家装、保健品等中高端产品的需求涨幅最为明显，且一直保持上升态势。另外，从人群情况看，30 ～ 45 岁的新中产尤其喜欢轻奢消费，在各个方面都领先于其他人群。他们对个人健康、休闲享受、科技生活、个人提升等方面都很重视，愿意为“品质”“娱乐”“健康”“自我提升”等需求付出更高的价格。

消费者需求的改变倒逼企业产品向定制化、高质量方向发展，整体消费结构升级，催生了许多新的机会。这意味着企业数字化转型的关键在于创造持续价值，与用户、产品建立起更深层的联系。只有这样，才能将产品卖出更高的价格。

2.1.2 保护生态环境的需要

环保产业作为我国的新兴产业，目前还存在很多问题，包括环境治理技术存在壁垒、环境治理数字化能力弱、资源利用率较低等。一些企业为了短期利益违反法律规定，偷排漏排污染物质，但传统的监管手段无法彻底让这些现象消失。

同时，由于环保产业基础设施大多相互隔离，数据不互通，各企业的网络系统各自为政，而且企业自身对环境治理的投资不足，导致环境治理的水平低下。因此，各环保企业之间急需打通壁垒，升级基础设施的软件，提升环境治理数字化能力。

深度融合工业互联网与生态环境保护，弥补生态环境治理技术不足。例如，可通过加强 PM 2.5 云监测的大规模应用，研究雾霾成因。物联网可以采集大气的监测数据，通过对大气污染源进行云计算智能数据分析，增强大气污染控制的科学性。

加快大数据、5G、人工智能等新技术在污染防治、监测监控等领域的应用。例如，构建区域生态环境信息数据库，实现不同地区的互联互通；建设环保产业互联网平台、大数据中心、环境监测与研发中心等新基建，推动构建生态环境协同管理体系。

灵活运用工业互联网的特性，提高资源使用效率。工业互联网的智能性可以帮助管理者实时预测环境资源消耗情况，保障环境资源管理最优化；工业互联网的虚拟性可以帮助环保产业及产品去物质化，实现低消耗高产出；工业互联网的共享性可以帮助变革环保产业及产品的供需方式，在消耗同样资源的前提下，最大化商品和服务的使用率。

2.2 关于数字化转型，警惕4个误区

近几年，越来越多的企业开始尝试数字化转型，希望通过数字化重塑业务流程、提高经营质量，获取更高的收益。但万事不能人云亦云，在进行数字化转型之前，企业必须先正确理解数字化转型的内涵，以免走进误区，白白错过了发展时机。

2.2.1 片面化误区：数字化转型=降本增效

提到数字化，很多人认为它就等于降本增效。然而这是一种片面认知，数字化转型的目标是重新定义业务，是企业从商业模式到业务流程的颠覆性改变，而不是单纯地通过信息化把业务从线下移到线上。

如今，消费领域正在发生巨变，人们开始追求更好的东西，而且这种高层次的需求仍在不断扩大。而互联网的发展更是迅速把这种观念传递给了每个人，设计好、性能好、定制化的产品和服务开始被人们追捧。

在这种背景下，一款低劣、普通的产品不可能让企业获得长久的成功，例如相机、手机等行业，都在朝着“高精尖”迈进。同时，随

着 5G、物联网、人工智能、新能源等技术快速发展，众多行业的商业模式也将发生巨大的变化。例如，传感器、智能机器人、工业互联网等技术催生了智能工厂，让生产者能进一步满足消费者的个性化需求。

同时，随着新技术、新产品、新业态的不断涌现，原来以生产商为中心的商业模式逐渐被替换成以消费者为中心的新兴商业模式，如苹果体验店等。

此外，物流行业逐渐向无人化发展，寄件配送走向智能化；教育行业利用 AI+5G 技术，做到千人千面、因材施教等。总之，数字化转型已是大势所趋，它将推动各行各业洗牌重组。只有完全变革商业模式，重新定义业务的企业，才能生存和发展。

2.2.2 数字化转型只是 IT 部门的事

各行各业都在发展数字化转型，但实践起来却极为不易。目前，很多企业在数字化转型中面临困难，包括能力不足、方法不对、体系不健全等。事实上，数字化转型既是从上到下的一把手工程，也是从点到面的突破与革新。

从上到下是指数字化转型不只是 IT 部门的事，而是企业各部门的联动工作。除了技术的应用，企业还要挖掘数字化人才，转变思维与能力，实现数据驱动运营。

从点到面是指数字化转型要有节奏地落地，先找到突破点，进行技术突破（点），再将技术运用到业务场景中（线），最终构建起数字化的运营体系（面）。以华为为例，华为全球技术服务部的数字化转型共历时三年，进行了一次“Digital GTS”的变革：首先，对业务痛点进行技术迭代与创新；其次，通过平台打通孤立系统；最后，通过统一的数智平台（GDE），链接多个业务场景，实现大范围的智能化。

正是依靠统一的数智平台，华为在运营上率先走向数字化，实现数字化转型。现在，华为提出将自己在数字化转型上的技术和经验对外输出，让运营商也能实现数字化运营，以促进整个行业协同发展。

2.2.3 信息化建设就是数字化转型

在信息化时代，企业习惯用信息化解决方案去解决运营、生产中存在的问题。近几年，随着数字化转型成为各行各业的发展趋势，数字化解决方案也开始被越来越多的人提及。从工作角度看，信息化解决方案包含的需求开发、系统设计、测试上线等内容也是数字化解决方案的重要内容。从技术角度看，许多数字化解决方案中使用的技术，如 Java 开发语言、Tomcat 中间件等，也在信息化解决方案中应用。

因此，一些企业将信息化建设等同于数字化转型，然而这也是一种片面认知。事实上，信息化建设和数字化转型有很大差别。

信息化建设是指将原来的纸面信息搬到计算机上，从用人传递信息过渡到用计算机、网络传递信息，只能算计算机技术的应用。而数字化转型的目标是实现企业商业模式和业务流程的颠覆性改变，它的站位更高、内涵更深、外延更广。

从高度来看，数字化转型站在全局视野重新审视业务模式、业务流程和工具技术，重视整体性、系统性和协同性，用大数据思维驱动业务变革，将数字化作为业务创新发展的引擎与动力。而不是只强调用计算机实现业务电子化，不改变业务模式和业务流程。

从广度来看，数字化转型是全链条的连接与协同。信息化主要在线上，而数字化转型不仅在线上，还延伸到线下；信息化主要在企业内部，而数字化转型不仅在企业内部，还向产业链的上下游延伸。

从深度来看，信息化是通过粗放的信息来建模，而数字化转型则是以细化的信息来建模，如一个人的数据、一辆车的数据，甚至细化到人的脚、车的引擎等数据。另外，数字化转型还会追踪时间维度上的信息，不仅能知道现在在哪，还能知道从哪来，到哪去。

我国多年的信息化建设存在统筹谋划不足的现象：一是企业内部系统林立，信息传递存在壁垒；二是企业缺少与上下游协同单位之间的信息连接，自成孤岛。因此，数字化转型除了要解决企业内部信息孤岛的问题，还要解决企业与外部单位之间缺乏协同的问题，以达到产出更多、效率更高、成本更低的目的。

2.2.4 模仿互联网企业就能立竿见影

我国企业普遍喜欢投资新技术，认为只要升级硬件、更新系统就能有立竿见影的回报。然而，很多企业却无法依靠新技术真正提升经营水平，其问题在于：第一，变革不会一蹴而就；第二，许多企业缺乏对数字化转型的战略思考，在实战中只是“东拼西凑”。

企业管理者们必须明白，数字化转型不应是企业锦上添花的工作。数字化不能只停留在某个部门，而是要使之成为企业发展的共识，让数字化贯穿整个组织和职能，落地到战略、组织、运营等各环节。

对此，许多企业竞相模仿互联网企业，希望窥得一条数字化转型的捷径。但是，一味地将互联网企业的模式当万能灵药，不思考自身业务的痛点，只能适得其反。另外，盲目投入资金改造互联网企业的模式，也将影响主营业务的研发。

以某运动品牌为例，该企业大力发展电商平台，在多个线上渠道投入资金，希望实现销量逆转。而现实是，该企业忽视了主营业务存在的问题，如品牌定位不清、库存管理落后、产品设计老旧等，这样一来，该企业不仅没有提升销售额，反而让线上线下渠道混乱，流失了大批分销商，加速了自己的灭亡。

对于传统企业来说，发展数字化不等于抛弃主营业务盲目跟风，这样只能自乱阵脚。企业应采取多层次的数字化转型方案，一边运用数字化技术升级现有业务，一边增强投资能力，创造新业务，实现可持续发展。

传统重资产企业应让自己变得更“轻”，如投资蕴含更多价值的软件、设计及服务。在这个过程中，企业可以利用云计算、大数据、人工智能等技术提升运营效率，或用专业服务整合资源，向多维的生态化方向发展。

例如，施耐德电气利用互联技术和物联网平台推出了智能化解决方案。不仅提升了生产力，节约了成本，还更好地响应了医疗、乳制品等行业客户的用电需求。

2.3 企业做数字化转型的价值

数字化转型指的是企业利用互联网技术革新现有的资源，创造更大价值的过程。它在革新营销、品牌推广、优化消费体验、升级供应链管理等方面对企业有重要的意义。

2.3.1 革新营销，利用 AIPLA 模型实现营销转型

在企业进行数字化转型时，营销也要同步转型。营销的数字化转型对渠道、品牌、产品、价格等都提出了更高的要求。但不管如何转型，营销的底层逻辑不会改变，即通过对消费者施加影响，改变消费者的行为。

阿里巴巴曾提出了 AIPL 模型，即 A（Awareness）知晓、I（Interest）兴趣、P（Purchase）购买、L（Loyalty）忠诚。这个模型的本质是一个普通人的购物心路历程。腾讯在 AIPL 模型的基础上又加了一步，即 A（Advocate）拥护，以此让该模型覆盖到社交产品。

营销的数字化转型在逻辑上依然要遵从 AIPLA 表示的消费者心路历程，而之所以要转型，是因为要在现有营销的基础上更好地影响消费者，更好地销售产品。

传统的营销强调广告投放，正因为强调投放，所以会花费大量的资金，也就特别注重流量质量。但现在广告价格越来越贵，覆盖的人群数量却越来越少，流量红利没有了，传统广告投放的效果也越来越差。

消费者不再单方面接收广告信息，而成了信息的创造者和传播者，其传播能力甚至超过了官方渠道。所以，营销必须转型，企业必须用数字化重新武装自己，推出新的营销策略。

1. A（Awareness）知晓

在知晓阶段，企业营销的投放和引流要更加集约化、精准化。过去很多不可能实现的广告投放方式，现在也都被一一实现，如程序化合约投放、私有竞价的广告投放等。另外，很多企业都设置了“内容运营岗”，虽有“运营”二字，但其做的也是知晓阶段的工作。

2. I（Interest）兴趣

过去企业在这一阶段的投入比较有限。所以，现在企业要重视与消费者的数字化交互和沟通。在这方面，企业要建立多种与消费者交互的渠道，如网站、小程序、H5、社交媒体（抖音、小红书等）等。

除此之外，企业还要优化这些渠道上的消费者体验，如策划优质内容，开展优质活动，通过直播面对面接触等。至于具体怎么运营，企业需要就自己的情况来决定。所以，很多人认为营销的数字化转型就是做公众号、发抖音，虽并不完全是错的，但这个理解是片面的，因为这只是营销数字化转型的一部分工作。

3. P（Purchase）购买

购买阶段的转型，主要是销售的电商化或线上化。现在，电商的玩法非常多样，很多大电商平台本身就是一个完整的营销生态，从引流到卖货，都可以在平台内部实现。

所谓销售的电商化转型，不是把线下卖的产品放到线上卖，仅拓展一个卖货的新渠道，而是选取适合电商环境的新产品，策划适合线上的运营模式。例如，如果双十一马上到了，企业要如何以数字化思维卖产品呢？首先，企业要考虑卖哪些符合电商平台的产品；其次，企业要考虑策划什么电商优惠玩法；最后，企业要考虑如何引导消费者在电商平台上实现转化。

4. L（Loyalty）忠诚

忠诚阶段的转型是众多企业关注的焦点。传统营销借助 CRM（Customer Relationship Management，客户关系管理）来提升客户的忠诚度，但只关注了已经购买的客户。而数字化转型后的营销模式不再只关注已经购买的客户，而是把所有与企业互动过的客户全部纳入“忠诚管理”的范畴中。

因此，忠诚客户的定义也发生了变化。过去，忠诚客户是指在产品生命周期内比其他客户购买更多产品的客户；现在，忠诚客户是指在产品生命周期内比其他客户与企业进行更多交互和沟通的客户，其中包括多次购买产品，但购买产品不是唯一标准。

这个逻辑虽不强调购买产品，但在数字世界中，只有更多的沟通，才能触发更多的购买。因此，多次交互和沟通与多次购买产品，本质上是相同的。

5. A（Advocate）拥护

与兴趣阶段类似，拥护阶段的转型也属于将过去企业忽略的工作，重新重视起来。在今天这个消费者主导的市场环境中，消费者成了信息的创造者和传播者，因此消费者对品牌的拥护非常重要。

例如，拼多多的各种“助力”，完美日记利用小红书进行的软文推广，都属于拥护阶段的转型。这个阶段的转型可以将消费者转变为信息创造者、传播者。既然消费者传播信息的能量已经有超越企业官方的趋势，那么不妨顺应潮流，让消费者为企业进行正面、积极的宣传。

随着互联网传播环境的成熟，许多企业开始强化拥护阶段，向消费者施加微观环境下的影响。因为社区等平台有先天的信任加持，拥护阶段的转型可能为企业带来意想不到的收获。

2.3.2 推广企业品牌，加速形象渗透

在产品同质化越发严重的市场环境下，企业要想长远发展，借助

互联网的“东风”已经是公认的趋势。作为品牌差异化竞争的主要措施，产品特色数字化是每家企业在数字化转型的过程中必须夯实的硬实力。

如何破解同质化难题？大多企业想到的都是从包装、颜值、价格、功能等方面改进优化。而这样的方法大部分企业都能想到，于是就造成了产品形态类似、用户群类似、发展目标类似的运营方式，很难出现颠覆整个行业的品牌。对此，企业需要借数字化转型的力量，加速形象渗透，让品牌形象更深入人心。

品牌形象如果实现数字化，就能在互联网世界中发现、创造需求，实现全网营销。罗诺兹和刚特曼曾提出：“品牌形象是竞争中一种产品或服务差异化含义的联想的集合。”也就是说，品牌形象是一种能被消费者感知的品牌差异化要素的集合。传统的品牌形象传播，主要以纸媒为主，包括报纸、平面广告、宣传海报等。虽然电视的普及让广告“动”了起来，但品牌形象依然是利用平面的企业标志和名称来表现的。

随着计算机的普及和应用，网络成为新的传播媒介，品牌形象数字化设计也因此被提上了日程。品牌形象数字化设计包含三大价值维度，即媒介属性、传播环境和受众心理。

1. 媒介属性

在数字时代，传统媒体和数字媒体并存。手机、电脑、报纸、杂志等多种传播形式共存，这让企业在传播品牌形象时必须对色彩和展现方式有更高的追求，不仅要注重创新，还要保持一致。

企业应考虑不同传播媒介的特点，利用其特点，合理推广品牌形象。例如，很多品牌都在B站（哔哩哔哩，英文名称为Bilibili，简称B站）设立了账号，按照B站本身二次元、动漫、个性化的特点，品牌在B

站塑造的形象也要贴合这样的文化特点，打造出一个既符合企业形象又符合 B 站形象的 IP。钉钉在 2020 年疫情防控期间为应对中小学生的恶意差评，在 B 站发布的“鬼畜”求饶视频，就遵循了这一原则。

2. 传播环境

媒介数字化造就了数字化的传播环境，在这样的传播环境下，品牌形象要体现出多维性、交互性、表现性。品牌形象不能只是简单的平面符号，它应该是立体的、有声的、有情感的。例如，英特尔公司的广告将声音作为品牌形象，在不断重复后，消费者一听到这个声音马上就能想到英特尔。

另外，不少品牌让虚拟代言人在设备中“活起来”了，消费者可以在使用产品的过程中与其进行交互，从而进一步感知品牌形象。例如，“汤姆猫”互动游戏就是交互体验的代表。虚拟代言人和交互技术结合，让品牌形象贯穿于产品的售前和售后。

3. 受众心理

在数字化的传播环境中，受众对品牌的刺激会有更敏感的反应。当今社会，受众更渴望表达个性，更偏好独立作出判断，更希望与品牌直接沟通。因此，品牌形象在传播时要让受众有更积极的心理体验，同时，还要鼓励其参与到品牌形象的传播中来，让他们觉得自己是品牌的一部分。

例如，微博是品牌形象塑造的重要领域。品牌在微博中与粉丝互动、回复评论等行为，都可以拉近与受众的距离，让受众感知品牌对其的关心和重视。另外，在互动过程中，企业要注意沟通的语气，遵循品牌形象的定位，打造积极的品牌形象。

数字化转型为品牌形象建设带来了机遇，也带来了挑战。企业要更加关注数字化时代最新的动态和特点，才能在数字化时代打造出成功的品牌。

2.3.3 创造附加利益，优化消费体验

当前，消费已经成为国民经济增长的主要驱动力之一，但居民消费仍受制约，如何促进消费市场发展，优化消费者体验，是广受社会各界关注的问题。

在传统的商业模式中，企业与消费者多为交易关系。而随着数字化、智能化技术的发展，新商业模式不断涌现，企业与消费者不再只是单纯的交易关系，而是连接与服务的关系。

在数字化时代，企业向平台化发展，平台经营者通过技术创新和商业模式创新，借助数字化、全渠道等方式与消费者建立了更全面的接触，形成全面连接、双向共赢的关系。例如，零售行业通过数字化技术重构零售通路，帮助本地零售企业实现全面数字化，以更直接地连接消费者，第一时间获取消费者的反馈，从而提升服务水平，使消费者获得更好的体验。

新技术的发展，不仅能提升消费体验，还能守护消费者的消费安全。例如，在生鲜领域，数字化让产品实现了全程可追溯，从产地到卖场甚至到消费者家中皆可进行信息跟踪。产品质量安全有保证，消费者就可以买得更放心。

在超市卖场中，标价与实际价格不符是消费者经常投诉的问题。电子价签系统就能很好地解决这个问题，避免标价誊写错误或更换不及时引起误会。数字化的标价方式可以及时准确地展示产品价格，让消费者安心消费。

促进消费不能落下任何群体。当前，我国老年人口越来越多。消费模式在数字化、智能化迭代的同时，不能将老年消费群体遗忘，“适老化”是各大企业数字化转型亟须面对的问题。例如，一些线上购物平台针对老年人不会打字的问题，推出了语音检索功能，降低了老年人使用产品的门槛。除此之外，这些平台还聘用了一些老年人成为“买菜体验官”，收集他们的使用反馈，不断根据老年人需求迭代产品，让老年人有更好的消费体验。

2.3.4 升级供应链管理，降本增效

目前，我国一众实体企业都面临供应链管理的问题：第一，库存周转率低，各个节点无法独立进行决策；第二，信息透明度低，上游企业与终端用户无法沟通，造成效率低下；第三，供应链波动频繁，企业供应链柔性化能力差；第四，多级经销商导致价格混乱、库存规划复杂、运输流程烦琐等问题。

企业进行数字化转型后，供应链也会升级。具体表现为：第一，从以工厂为中心到以消费者为中心，先感知消费者需求，再做产品研发，应需而变；第二，从各节点分散运作到组织间有效协作，及时响应与反馈；第三，从信息化技术运用程度较低到运用大数据分析改善供应链管理环节，提高效率。

2019 年 8 月，阿里巴巴宣布升级供应链平台能力，打造全数字化供应链网络，帮助商家优化供应链管理。供应链网络应用于阿里巴巴旗下 25 个业务板块，服务上万家商家，成效颇大。

过去，商家在进行供应链管理决策时没有足够的数据支撑，很难准确把握生产什么商品、生产多少商品、如何分配各地的库存，只能凭经验摸索，试错成本很高。随着产品流通速度加快，线上线下新零

售模式快速发展，仅依靠人力对供应链全局做出准确的判断越来越难。

因此，实现全供应链数字化管理，可以准确预测消费者需求，准确把握各环节，实现降本增效，有效解决每个商家的燃眉之急。

对此，阿里巴巴供应链平台就像发号施令的大脑，它能准确判断货从哪里来，应该到哪里去。在大脑的指挥下，缺货、滞销、爆仓等问题，都会被解决。阿里巴巴供应链平台通过算法预测近百万家小店的商品销量，将合适的商品放到各地的菜鸟仓库中，大大减少了库存周转天数，降低了缺货率。

品牌商也同样因此受益。阿里巴巴供应链平台与品牌商深度合作，将物流仓储成本降低了 30%，库存售罄率提升了 11%。

另外，由于商品库存实现了数字化管理，网商银行为小微企业提供贷款的流程也变得更加高效，风险更低了。

对消费者而言，阿里巴巴供应链平台将逐渐对所有行业和商家开放，到那时，消费者的需求将更快被满足，下单后“次日达”甚至“小时达”将成为常态。

人类正在迈向万物互联的社会，系统运作将成为提高效率的关键。数字化供应链是企业优化生产流程、降本增效的重要一步，谁能抓住这个新风向，谁就能在未来市场中获得更多的利益。

2.4 案例分析：数字化转型的实践者

当今社会，数字化正在重塑我们的生活，从政府、金融到交通，从农业、工业到服务业，各行各业都在进行数字化转型。其中，一些数字化转型的先行企业已经迈出了重要的第一步，为全行业开了一个好头。

2.4.1 西贝莜面村：核心业务系统“上云”

西贝餐饮目前线下门店年客流量超过6000万人次，营业额超过50亿元，并依然在快速增长。2018年，西贝餐饮组建新餐饮中心，发展数字技术，存储并分析消费者数据，注册会员超过2000万人。除此之外，西贝餐饮早在2018年就关闭了线下IDC（Internet Data Center，互联网数据中心）机房，将核心业务系统转移到阿里云上，成为餐饮领域数字化转型的领先企业。

西贝高级副总裁张兴旺说：“全面上云一定是未来趋势，没有任何悬念。”因此，西贝餐饮在“上云”的过程中没有任何犹豫。

“上云”后，西贝餐饮建立了国内第一个基于阿里云的面向餐饮领域的智慧供应链系统。西贝餐饮和磁云科技成立公司，用基于阿里云的基础设施研发的智慧供应链系统代替了传统的信息系统，实现了食材采购、分仓配送、门店收货等环节的全流程数字化和智能化，大大提升了门店工作效率。阿里云的安全性和稳定性，可以帮助西贝餐饮的核心业务系统从容应对各种就餐高峰。

西贝餐饮已经对2000万消费者进行了数字化改造升级，彻底突破了门店经营时间和空间上的限制。公司甚至仅靠一个十多人的团队，就实现了食材销售业务100%的增长。可见，数字化转型大大释放了西贝餐饮的潜力。

2.4.2 特步：建立全渠道零售平台

近年来，特步在运动鞋细分领域不断做动作，陆续收购了索康尼、迈乐、帕拉丁等品牌，扩大了品牌矩阵，打破了单一品牌格局。与此同时，特步的业务也在持续变革。

受疫情影响，特步的新营销业务快速发展。特步电商业务进行了调整货品结构、精准营销、布局直播等尝试。相关数据显示，在2020年的6·18活动中，特步全渠道累计成交额达2.5亿元，其中山海系列、猫和老鼠系列等广受消费者好评。这一切成绩都源于特步的第三次战略升级。

2016年，特步启动第三次战略升级，以消费者体验为核心，发展“3+”，即互联网+、体育+、产品+，积极拥抱新技术，实现业务引领和技术创新。在这一过程中，特步发现要重组原来的业务流程，原来的IT系统只会拖后腿。于是，特步邀请阿里云中间件团队对特步IT系统进行了深度调研。

阿里云根据特步业务转型的需求，为它量身打造了基于原生架构的全渠道业务平台解决方案，将不同渠道通用功能在云端合并，建立了全局共享的商品中心、库存中心、订单中心、营销中心、结算中心等。

无论哪个渠道调整，IT系统都能根据业务需求快速响应。全渠道业务平台不仅彻底摆脱了传统IT系统拖业务后腿的顽疾，还将全渠道数据融合，为精准营销、提升用户体验奠定了基础，让特步真正实现了数字化转型。

2017年特步启动全渠道平台建设，耗时6个月完成了交付部署，后又用4个月在全国42家分公司、6000家门店上线。

2018年，特步营业额达63.8亿元，创下上市以来的历史新高，三年转型效果初显。特步全渠道零售平台为市场爆发铺平了道路。2019年，特步业务部门对IT系统的认可度持续上升，80%的前台应用已经运行在该平台之上，实现了技术驱动业务创新。

2.4.3 Club Factory：用云计算服务上亿用户

Club Factory 是一家集时尚、美容和生活方式于一体的电子商务商店，其产品特点为非品牌、时尚、低价。Club Factory 整合了上百万家供应商，不需提前备货就能满足广大消费者的需求。

现在，Club Factory 完善了以零售为主的供应链管理系统，基于人工智能算法向用户推荐产品。其采用人工智能技术，实时比较各供应商的价格，为用户筛选出最低价的产品。这能减少很多中间环节，降低成本。此外，Club Factory 还向供应商提供生产建议，如爆款商品信息以及用户喜欢的产品等，以减少滞留库存。

目前，Club Factory 月活用户近亿人，其订单、交易、支付等所有电商平台服务均运行在 AWS 云（亚马逊云服务）上。Club Factory 认为网络、存储和大数据分析是电商平台对云平台基础设施的关键要求，而 AWS 云能够提供一整套完善的解决方案。

在网络方面，AWS 云全球骨干网络，可以实现类似本地内网的数据传输效率。在存储方面，Amazon S3 的跨区域同步功能可实现图片的自动同步，大幅减少了运维和管理工作。在大数据分析方面，主要基于三方面展开工作：第一，个性化推荐，根据用户在平台上的行为做自主推荐；第二，BI（Business Intelligence，商务智能）报表，按天呈现转化率、用户购买单价等信息；第三，按不同时间间隔划分的任务，如每小时的单品转化率变化、流量变化等。

Club Factory 现已实现了“人工智能 + 商品 + 消费者 + 供应链”的全方位技术创新。

商品管理系统克服传统电商平台卖家手动上下架商品以及更改商品价格的困难，实现了商品智能上下架和价格动态展示。

海量的商品数据，不仅为用户提供了更多的购物选择，还提供了更多感官体验。用户行为数据可以帮助平台建立清晰的用户画像，用户在平台上的行为越多，系统对用户就越了解。

基于用户画像，人工智能可以快速帮用户在平台上找到喜欢的商品。另外，人工智能系统可以集成商品管理、仓储管理、供应商管理、用户管理、订单管理等模块，通过匹配消费者需求指导厂家生产，以优化行业效率，降低成本。

智能推荐是Club Factory的特色功能。当用户下单时，后台会自动匹配最优供应商，这能帮助用户缩短收货时间，同时又享受到相对实惠的价格。

未来，Club Factory将通过AWS云尝试在全球多区域复制该模式，更精细化评估流量。同时，进一步挖掘大数据的服务应用，以便更好地提高效率，优化成本。

第 3 章

驱动力：数字化转型涉及的技术

互联网技术已经成了各个领域的发展新动力，它让更多的传统行业焕发出新的活力。越来越多的企业因此开始深度挖掘内部数据的价值，利用大数据、人工智能、物联网、云计算、区块链这 5 项新技术，促进业务场景的发展和业务模式的创新。那么，企业该如何利用这些技术改造现有业务，实现数字化转型呢？

3.1 大数据：挖掘数据的价值

大数据指的是日益增长、体量庞大、多样且复杂的海量数据。这些数据无法通过传统方式管理，却是企业宝贵的资产。近年来，各大企业开始关注内部不断增长的数据资产，而这也将成为各大企业推进数字化转型的主要驱动力。

3.1.1 基于数据建立竞争优势

如今，大数据被各行各业广泛应用，如果企业能充分挖掘大数据蕴含的商业价值，就能更精准地判断用户需求，为其提供个性化、差异化的产品或服务，建立竞争优势。大数据的商业价值主要体现在以下几个方面。

1. 个性化推荐

大量的用户数据可以让智能分析算法为用户提供个性化推荐，如淘宝的商品推荐、应用商店的软件推荐、网易云音乐的歌曲推荐等。当企业足够了解用户后，还可以进行商业化延伸，实现营销推广的精准投放。这样既可以有效节约营销成本，还可以提高营销的精准度，优化投入产出比。

2. 精准划分用户群体

大量的用户数据可以极大降低用户数据的分析成本，使企业可以轻易根据用户的消费习惯、消费水平等对用户群体进行划分，用不同的服务方式服务不同的群体。同时，企业还可以对不同用户进行更深层次的分析，从而增强用户黏性，降低用户流失率。

3. 加强部门间的联系

即使对于同一个用户，生产研发、宣传推广、售后处理等部门需要的数据分析结果也有不同。提高数据的利用效率及挖掘数据深度可以增强各部门之间的联系，实现数据共享，进而提高整个产业链的运作效率。

4. 模拟真实环境

在存储了海量的用户数据后，企业就可以通过数据模拟真实环境，从而满足用户更深层次的需求。例如，天津地铁 App 会通过实景模拟的方式预测站内客流量，为用户提供车站客流热力地图，帮助用户更好地制订出行计划。

作为一种新型生产要素，大数据已经成为企业宝贵的经济资产，它能助力企业创新、提升产品价值。只有抓住大数据的商业价值，企业才能精准把握时代脉搏，更好地实现企业的数字化转型。

3.1.2 应用大数据的 6 种“姿势”

大数据正为人们的生活带来翻天覆地的变化。那么，大数据是如何被应用的呢？

1. 了解、定位和服务客户

大数据最常见的应用形式就是帮助企业了解用户的喜好和行为。企业可以通过浏览器日志、社交媒体数据等扩展企业的数据集，以建立完整的用户画像。

2. 精准营销

随着人们对个性化需求的加深，大数据逐渐被应用于企业营销中。人们检索、使用产品的过程都会变成数据，有了这些数据，企业就可以自动响应，为用户提供更好的购买体验。

3. 引入客户响应式产品

大数据不仅可以改善客户服务，还可以帮助企业生产用户需求的产品。如今，正处于买方市场，满足用户需求是产品设计的大趋势。数据分析可以收集用户的购买习惯、浏览频率等信息来预测用户需求，从而决定该生产什么产品。

4. 提高生产效率

过去产品生产制作流程相对割裂，信息不能及时传达导致效率低下。如今，大数据将整个生产流程串联起来，中间过程的约束和限制变少了，企业生产效率也得到了大幅提高。

5. 实现持续的客户支持

现在在网上购物，用户几乎 24 小时都能得到回复，这是因为有聊天机器人的辅助，而这一切都是大数据的功劳。企业可以通过客户管理系统收集数据，获取用户的常见需求和问题，并将其应用到聊天机器人的设计中，让聊天机器人拥有不输人工客服的交互能力，从而打造出 24 小时不间断的线上客服。

6. 降低仓储成本

大数据还可以发现行业趋势、预测未来，帮助企业降低仓储成本。知道市场潜力及需求有助于企业及时进行规划，控制产量，这样可以确保不会发生产品过剩的情况。毕竟，维护库存的成本极其高，企业不仅要承担运维成本，还要把现金流和存货捆绑在一起，非常不利于企业随时调整经营计划。

有了大数据分析，企业就能预测什么时候销售，什么时候生产，生产多少，甚至还可以预测企业购买库存的最佳时间、需要保留多少库存等，大大降低了现金流风险。

3.2 人工智能：掀起一波新浪潮

曾经出现在科幻电影里的人工智能如今已逐渐走入大众的视野，我们在生活中到处都能看到与人工智能相关的产品，如 Siri、AI 拍照、AI 修图等。虽然人们总能听到人工智能这个词，但大部分人对其是一知半解。那么，人工智能有什么神奇的地方？它发展到了什么程度？未来又会给企业数字化转型带来什么影响呢？

3.2.1 从弱人工智能到强人工智能

当今，人工智能技术正在全球范围内兴起，深刻改变着人们的生产生活方式。但当前的人工智能还是“弱人工智能”，只停留在用计算机模拟某一领域的人的智能，如计算机翻译、语言识别、印刷体文字识别、物体识别等，这些系统之间互不干涉，跟人脑有很大区别。

因此，人工智能技术还需要继续积累和积淀，迎接强人工智能时代的到来，即设计出真正有自我知觉和意识的智能机器。

当前，我国人工智能发展有四大优势：第一，政策优势，国家和地方对人工智能的发展都做了很多布局和规划，为人工智能技术的研发提供了良好的环境；第二，数据优势，我国人口众多，数据量也非常大，为人工智能的发展提供了充分的数据支持；第三，应用场景优势，我国人工智能的应用场景比其他地方更丰富，更利于开发适应不同场景的智能机器；第四，人才优势，国际上顶级的人工智能会议、国际顶级的科技杂志等都有我国年轻人的身影，这些年轻人是我国发展人工智能的驱动力量。

然而，目前我国人工智能发展还存在一些不足：第一，基础理论和原创算法差距较大；第二，核心芯片和关键部件等研发力量薄弱；第三，未形成有巨大影响力的人工智能开源开放平台；第四，顶尖的人工智能高端人才仍然不足。

由此可见，我国距离强人工智能时代还尚有一段距离。但人工智能在各行各业的应用已经是不可逆转的趋势，对此，企业应紧跟时代趋势，多做尝试，争取早日实现用人工智能提高生产效率。

3.2.2 人工智能如何为企业助力

随着市场竞争的加剧，越来越多的企业寻求通过数字化转型提升企业效率的方法。其中，人工智能技术为企业数字化转型提供了巨大的助力，它可以代替人工从事重复、精密、重体力等劳动，极大提高了企业生产和经营的效率。

1. 提高物流效率

随着电子商务的发展，物流行业急需提高效率，但现在即使是最优秀的物流公司，1 万台货车也需要 2500 人管理。而人工智能可以帮助物流行业去人工化，提升自动化程度。2020 年疫情防控期间，因无接触配送的需要，亚马逊、阿里巴巴、京东、顺丰等巨头纷纷采用分拣机器人、AGV 小车、无人仓、无人机等人工智能技术进行分拣、入库、配送等工作，不仅达成了无接触配送，还提高了物流效率。

2. 处理数据更高效

数据现已成为企业的宝贵财富之一，人工智能可以帮助企业有效处理数据。人工智能技术不是静态的，它可以快速学习和调整，帮助企业快速有效地挖掘这些数据中包含的特定信息，从而及时调整业务决策。

3. 获得客户支持

随着电话、消息、社交媒体的进一步数字化、自动化，自动语音机器人也在进一步改进。企业可以通过人工智能技术自动联系、维护客户，随时解决客户的问题，有效提升客户体验。

4. 改善客户购物模式

人工智能可以通过客户以往的购买行为，分析出客户的购买方式、交易习惯、价格期望等，进而为他们提供定制化的购买体验，彻底从产品主导转化为客户主导的购物模式。

5. 实现自动化办公

人工智能能处理所有单调乏味的日常任务，进一步简化企业的组织结构。这对中小企业来说是一个好消息，因为中小企业资金有限，无法承担巨大的人力成本。人工智能可以让所有的低价值劳动被机器代替，只留下核心业务人员，既能减少人力成本，又能提高办公效率。

3.2.3 智能时代的发展战略

近年来，人工智能进入迅速发展时期，越来越多的企业将人工智能技术应用到各种业务活动中以实现企业的数字化转型。企业想在人工智能竞争中脱颖而出，就必须做好战略分析工作，这样才能实现企业在数字化时代的新型战略目标。那么，企业应该如何制定科学、合理的人工智能战略呢？

1. 构建创新性思维

企业的数字化转型是在不断探索中实现迭代升级的过程。就像进行科学实验一样，最初的论断会在探索的过程中被推翻，企业因此需要不断地利用最新数据提出新的猜想。因此，企业应该构建创新性思维，不断构想出指导性更强、可行性更高的发展目标，并为之制定相应的战略。

2. 建立数据团队

人工智能战略的监督和管理工作需要交由专业的数据团队进行，团队成员需要具有业务、技术或者数据分析等方面的专长，并具有部署与维护管理系统的技术能力。只有这样，企业才能保证制定出的战略切实可行。另外，在战略的推进过程受到阻碍时，专业人员也能更快地分析与解决问题。

3. 建立开放的数据生态

人工智能战略的执行需要建立在大量数据的基础上，因此，建立一个开放的、能够获取高质量数据资源的数据生态是至关重要的。这要求企业在保证数据安全性的前提下，利用多层次的办法协调数据访问的灵活性，如引入语音、图像、文字等数据源，增强数据管理等能力。

4. 严格制定评判标准

大到对战略目标的要求，小到如何验证开发模型，企业都需要与数据团队达成一致。这是因为新建立的人工智能模型总会对传统的质量标准产生颠覆，测试时的数据无法对生产实践产生指导作用，企业应该根据最新数据及时更新评判标准。

5. 建立 QA 与交付模型

完成部署后，企业需要将人工智能模式应用于 IT 实践中，并持续对其进行迭代与调整。在这个过程中，企业很难按照传统的战略模式制订迭代计划，也很难精准预测数据的更新间隔。这就要求企业建立相应的 QA（Quality Assurance，质量保证）和交付模型，并持续、稳定地对人工智能模型进行维护，维护时还需要严格遵循初始模型的开发方式。

以上就是人工智能模型战略的制定要点，企业应该充分把握这些要点，借助人工智能实现人与机器的协同发展，抢占行业发展的先机。

3.3 物联网：提升连接的能力

物联网与人们的生活越来越密切，如智能门锁、智能窗帘、可穿戴设备等。万物互联是未来的一种发展趋势，知名互联网技术公司思科曾预测，到 2023 年，全球联网设备将达到 489 亿台。设备联网是企业数字化转型的重要一步，它能消除企业内部的信息孤岛，增加各环节的协作能力，让企业效率更高。

3.3.1 物联网助力资源的整合与共享

物联网的出现让生活中原本彼此割裂的物品、设备，通过互联网串联，实现了互联互通。随着物联网技术的普及，原本闲置的资源被重新整合、共享，人们的生活更便利、更完善，如同电影的场景也将在日常生活中上演。

例如，早上出门前，可以通过手机提前打开车内的空调并调至舒适的温度。然后，当我们走近车时，车会自动识别对象并发动引擎。说出目的地后，车会计算出最佳行车路线，然后自动驾驶到目的地，全程都是物品与物品的对话，不需要人的参与。

近年来，市场上的可感应、可联网的数码产品越来越多，逐渐涵盖衣食住行等各领域。例如，酒瓶盖上的传感器，可监控瓶内变化，如酒精浓度、品质等；冰箱的传感器，可监控内部温湿度变化；衣服上的传感器，可收集步数等信息，进行有效的健康监测。

物联网用创新思维带来了越来越多的产品和服务。人们不需要再制作更多的新产品，只需要通过物联网将闲置资源串联起来进行活化，就可以满足更多的需求。例如，人们可租用他人的闲置停车位，以解决都市停车难的问题。

《零边际成本社会：一个物联网、合作共赢的新经济时代》的作者杰里米·里夫金认为："以协力共享社群、共享价值为核心的社会，会比资本主义利伯维尔场，强调竞争、市占率的系统，更容易达到永续发展。"目前，国外很多国家都在运用物联网、群众募资等方式成立新能源企业，开发各种低价的迷你太阳能或风力发电机，除共享资源外，也让利润得以共享。

物联网将为企业开启新商机。未来，各种设备与物品都将实现自主"交流"。物联网不只是简单地把物与物连接起来，而是让生活进入全面感测化，实现各种资源的共享。

3.3.2 数字化转型需要物联网平台

截至 2020 年底，全球 217 亿个连接设备中，有 117 亿个是通过物联网平台连接的，这意味着，在不久的将来物联网连接设备将超过传统连接设备，且随着 5G 技术的普及，联网的物联网设备会越来越多。物联网连接设备规模的日益扩大，对各行各业的发展意义重大，从智能家居到企业生产设备，无处不在的连接，将让物联网平台成为企业数字化转型的必需品。

物联网平台是万物互联的基础，它能提供设备、连接、数据管理，但对平台本身有很高的要求。IDC（Internet Data Center，互联网数据中心）报告曾指出，随着物联网规模的扩大、通信方式的多元化发展、应用的丰富，越来越多的企业开始选择利用物联网平台提升物联网终端的管理效率。这让亚马逊、微软、百度、阿里巴巴、腾讯、华为等众多提供软件和平台的厂商成为最大的受益者。

就我国市场来看，百度、阿里巴巴、腾讯、华为是主要厂商。在新基建的大背景下，企业正在如火如荼地进行数字化转型，这些主要厂商就成为数字化与智能化转型的背后力量，物联网平台也就因此成为他们争夺的重地。这些厂商纷纷投入重金，利用自身的技术优势，助力全社会数字化转型升级。

腾讯是其中投入最多的厂商，未来将投入5000亿元用于新基建，而物联网就是核心方向之一。早在2018年，腾讯就开始布局物联网，为客户提供加速物联网建设的服务，逐步构建了一站式物联网开发平台。

腾讯基于物联网平台，建立了广泛的合作，为消费、工业、城市等多个领域提供了物联网解决方案。在连接层面，腾讯在用户侧提供一整套C2B（Customer to Business，消费者到企业）开放平台服务，助力合作伙伴提升用户体验。另外，腾讯还开放了第三方行业应用承载入口，与更多物联网行业应用进一步融合，输出更多物联网解决方案。

整体来说，腾讯物联网平台通过聚合腾讯体系内多个生态资源，面向消费和产业两大赛道提供一体化服务，实现了多场景的物联网能力升级，助力更多产业实现了数字化转型。

伴随着新基建的发展，消费物联网和产业互联网将迎来快速发展期。未来几年我国物联网平台市场将持续增长，物联网会成为信息科技产业的新风口，对于提供服务的厂商们来说，物联网平台这条赛道，竞争会越来越激烈。

3.3.3 G7 与飞书：数字化转型的共创

G7 是一家物联网科技公司，其基于物联网技术平台，向大型物流企业提供车队综合管理与服务方案，覆盖安全、结算、智能装备等车队运营全流程，并在 2018 年获得融资 3.2 亿美元。飞书是字节跳动旗下的办公平台，集即时沟通、在线文档、云盘、工作台等功能于一体，为企业提供一站式沟通服务。2020 年因为线上办公的需要，G7 经过多方比较后，最终选择了飞书作为全员“工作台”。

对于企业来说，工具就是基础设施，是生产力。2020 年 4 月，G7 分布在各地的 1500 名员工全部使用飞书办公。那时，G7 尚未完全复工，飞书帮 G7 建立了一个“虚拟办公空间”，让全员能随时沟通，打破了信息只能自上而下流动的弊端。员工对市场的观察，能及时通过飞书进行逻辑化整理，并向其他团队成员分享，这不仅让信息流转变得高效，还帮企业储存下了宝贵的知识资产。

在此之前，G7 在通讯、邮箱、文档等方面各使用独立的产品，同时使用多个工具，使内部信息流通不顺畅，也无法沉淀知识。G7 的员工表示，飞书的推行除了提高工作效率外，还让同事间多了许多互动和反馈，工作氛围也更愉快了。之前公司发布宣传资料时，很难看到员工的反馈，现在直接发到工作群里，经常能收到“赞”之类的表情回复，让人很有成就感。

G7 认为飞书不只是简单的沟通工具，还是新的工作和协同方式。如果所有员工大部分时间都在飞书上，那么飞书作为虚拟办公空间，可能拥有超越实体办公室的价值，信息传递方式的改变，会对公司文化和管理产生深刻的影响。

而飞书的理念与 G7 不谋而合。G7 财务官张杰龙说：“这是对待有创造力的员工的正确方式，我们鼓励追求极致地为客户创造价值、鼓励同事之间坦诚沟通、鼓励大家站在全局层面思考问题和作出决定。飞书这个产品，让我们能够很好地通过工具，落地并持续优化管理理念，提升组织效率。”

飞书的作用是连接人，G7 的作用是连接设备，飞书和 G7 的合作不仅改变了人和设备之间的交互方式，还是一次数字化转型的共创。

3.4 云计算：消除多余的成本

云计算是指通过网络将大的数据计算程序分解成无数个小程序，然后通过多个服务器组成的系统处理这些小程序，得到结果并反馈给用户。这项技术可以在短时间内处理数以万计的数据，为用户提供强大的网络服务。

云计算是信息时代的大飞跃，云计算具有强大的扩展性，可以将很多计算机资源协调在一起，使用户通过网络就能获取无限的资源，不受时间和空间的限制。

3.4.1 云计算对数字化转型的作用

10 多年前，云计算技术作为一种为企业提供计算能力的前沿技术横空出世。云计算技术可以让用户随时随地安全地访问更多设备上的应用程序。而那时企业内部的数据中心却难以跟上这一趋势。现在由于已经消除了技术瓶颈，越来越多的企业开始布局云计算，这意味着企业不需要再建更多的服务器和机房，只需联网即可满足业务需求。

那么，云计算对企业的数字化转型都会起到哪些作用呢？

1. 提高成本效益

戴尔公司曾发布过的一份调查报告显示，基于云计算和大数据进行数字化转型的企业的收入增长速度比简单进行数字化转型的企业快53%。

不用支付闲置资源费用，极大节约成本的“现收现付”模式是云计算最大的优势。企业可以按照自己的需求扩展或缩减业务，不用支付巨额的服务器维护费用。“现收现付”意味着企业只需要为正在使用的资源和服务付费。

2. 提升系统可扩展性

不同企业有不同的业务需求，有些企业必须将业务迁移到云平台。例如，需求波动大、对灵活性要求高的企业；拥有停机时间较少的高负荷系统的企业；需要处理大量敏感数据的企业，如银行、医保公司等。

对于企业而言，云计算可以让企业专注于发展品牌、增加销售额等。这是因为云计算服务商除了提供服务器空间外，还提供了数百种支持工具，具有极高的可扩展性。

3. 保障数据安全

当企业将重要数据迁移到云平台后，云计算服务商会全天候监控和保护客户数据。尽管内部系统管理员更让企业放心，但他们不能做到全天候监控数据安全。因此，依靠云计算服务商保证企业的数据安全会更有效。

4. 高效备份和恢复数据

20% 的云计算用户可以在 4 小时甚至更短的时间内完成数据恢复，而只有 9% 的非云用户可以做到这一点。这意味着在意外情况下，如自然灾害、停电等，云计算服务商可以将企业数据进行备份，并在危机解除后的 4 小时内恢复。

虽然企业自己也可以建立备份，恢复数据，但与采用云计算相比，企业需要付出更多的时间和费用建设基础设施，成本巨大。而采用云计算可以尽可能减少系统的停机时间并提高效率。

5. 支撑云办公，提升便利性

因为突如其来的新冠肺炎疫情，云办公、远程办公等工作方式开始走入人们的视野。采用云计算技术，员工可以随时随地访问企业数据，连接到互联网的任何设备。而且访问的系统会自动更新，即使该员工不在办公室也可以访问与其他成员相同的更新系统。

3.4.2 企业上云的顾虑

企业上云是指企业通过网络将基础系统、管理及业务部署到云端，利用网络获取计算、存储、软件、数据等服务，以此提高工作效率，降低信息化建设成本，加快数字化转型。企业上云具有明显优势，单是提高效率、节约成本两个方面就能为企业带来增益。可以说，企业上云是实现数字化转型的必要路径，是大势所趋。

而目前，大部分企业还未上云，甚至一些传统企业还处于迷茫中，不清楚上云的作用。一方面是企业对上云不够了解，不清楚该如何选择云计算服务商。另一方面是企业对上云存在安全顾虑，不知道关系到企业身家性命的数据上云后是否能保证安全。下面是企业上云的一些顾虑。

1. 企业数据是否会泄露

在网络时代，所有信息都存在曝光的风险。随着企业数据的积累，越来越多的敏感信息都会存储在云数据中心。而对于选择公有云和混合云的企业，一些安全漏洞可能引发的安全威胁，甚至会引发整个云服务的危机。例如，数据泄露、身份凭证管理不善、账户被劫持、共享技术漏洞、高级持续性威胁、数据丢失等威胁都是企业上云的顾虑。

2. 企业数据是否会被服务商利用

很多企业对于上云最担心的是企业数据被服务商“偷窥”，如果服务商把企业数据泄露给竞争对手，将对企业经营造成致命威胁。另外，如果服务商把企业数据开放给第三方用于大数据分析，轻则可能有无穷的广告信息骚扰用户，如果再沾上军事、政治等敏感信息，则可能给企业带来巨大的风险。例如，Facebook（脸书）的用户隐私泄露事件，不仅降低了用户信任度，还使 Facebook 股价大跌，至今都受其影响。

3. 企业数据泄露后服务商如何处理

时有发生的网络安全事故一直在提醒企业数据没有 100% 的安全，因此，每家企业上云后都存在数据泄露的风险。企业上云把数据转移到云上，服务商虽对其承担主要责任，但企业依然要面对可能出现的数据泄露损失。因此，企业在上云之前，除了要考虑如何让数据不丢失，还要考虑数据一旦丢失，如何挽回损失，所以企业也会关注服务商制定的数据遭到损失后的规划。

以上只是企业上云的共性问题，不同企业可能还会存在更多具体的顾虑。企业要先意识到这些问题，才能知道上云的需求和可能出现的情况，才能在将来上云后将运营风险降到最低。

3.4.3 良品铺子：与华为云跨界合作

良品铺子是一家集食品研发、加工、零售等服务于一体的零食品牌。截至 2020 年年末，良品铺子线下门店突破 2700 家，建立线上渠道入口近百个。2021 年，良品铺子入选“2021 年中国新春零食礼包礼盒品牌线上发展排行榜单 TOP10”，名列榜单第 2 位。

在不断发展壮大的过程中，良品铺子也开始了对于数字化的探索。如何处理重大促销活动期间激增的订单，保证系统平稳运行；如何突破网络壁垒，打造一个全渠道一体化的智能零售平台；如何提升市场对新品的包容度，积极应对瞬息万变的零售市场。这些都是良品铺子在进行数字化转型的过程中不可避免的挑战。

为了解决这些问题，良品铺子和华为云达成了合作，共同打造全渠道零售模式。借助华为云 SAP 解决方案，良品铺子将 SAP 开发测试系统迁到华为云上，并成功构建了一体化的零售平台，提升了系统运行的平稳性。华为云扩展的灵活性使良品铺子可以轻松应对百万级别的订单交付工作。

同时，华为云上微服务引擎等 PaaS 服务可以实现业务代码的克隆，这也进一步提升了良品铺子的新品研发效率。在此之前，良品铺子进行新品研发前需要花费 3 ～ 4 天时间部署产品测试系统；如今，借助代码克隆，可以在 1 小时内轻松完成任务。这意味着，除了从容面对上述的各项挑战外，良品铺子还可以快速响应市场需求，实现精准营销，为用户提供极致的购物体验。

选择华为云是良品铺子对比多家服务商之后的决定。其首席信息官朱淑祥表示："良品选择服务商是非常谨慎的，选择华为就是看中了华为以客户为中心的服务理念以及对客户需求的快速响应和解决的能力。良品将 SAP 系统部署在华为云上，通过华为混合云的解决方案满足良品未来业务快速增长的需求。"

对于大多数企业而言，实现数字化转型并不是一件容易的事，但在华为云的技术支持下，良品铺子成功搭建了一体化的零售平台，大大提升了工作效率。这表明，在实现数字化转型的过程中，企业可与成功的云计算服务商合作，在完成业务数据的迁移后，可伸缩的自适应云服务就可以帮助企业铺设数字化营销渠道，实现营销业务的数字化转型。

3.5　区块链：营造可信任的环境

区块链作为热点经济概念，整合了分布式存储、密码学、共识机制等多项互联网技术，可以极大提升用户价值交换效率。随着更多企业加入数字化转型的大军，区块链也得到了进一步应用。那么，区块链是什么，它又将如何推进企业数字化转型呢？

3.5.1　何谓区块链

区块链的本质是分布式账本，其主要优势在于成本低、过程高效透明、无中介参与以及数据高度安全。区块链在未来将会扩展到越来越多的行业中，为各行业带来技术变革。

一本账本必须具有唯一确定性的内容，否则它就会失去参考意义，这就使记账自然成为一种中心化行为。在如今的信息时代，中心化的记账方式覆盖了社会生活的方方面面。然而，中心化的记账方式却有一些软肋，一旦这个中心被篡改或被损坏，整个系统就会面临危机。如果账本系统承载的是整个货币体系，也会面临中心控制者滥发导致通货膨胀的风险。

中心化的记账方式对中心控制者的能力、参与者对中心者的信任以及相应的监管法律和手段都有极高的要求。那么，有没有可能建立一个不依赖中心及第三方但是却可靠的记账系统呢？

从设计记账系统的角度来说，系统的构建需要让所有参与方平等地拥有记账及保存账本的能力，但每个参与方接收到的信息不同，他们记录的财务数据也会有所不同。数据一致是记账系统最根本的要求，如果每个人记录的账单都不一致，记账系统也就失去了价值。

区块链系统攻破了这项难题。如果将接入记账系统的每一台计算机看作一个“节点”，区块链就是以每个节点的算力竞争记账权的机制。

例如，在比特币系统中，算力竞赛每10分钟进行一次，竞赛的胜利者就获得一次记账的权力，即向区块链这个总账本写入一个新区块的权力。这就导致只有竞争的胜利者才能进行记账，在记录完成后，区块链就会与其他节点进行信息同步，产生新的区块。值得注意的是，算力竞争如同购买彩票一样，算力高的节点相当于一次购买多张彩票，只能相应地提升中奖概率，却并不一定会中奖。

这里的奖品就是比特币，奖励的过程也是比特币发行的过程。每一轮竞争胜利并完成记账的节点，都会得到系统给予的一定数量的比特币奖励。节点为了获得系统发行的比特币，就会不停地进行计算。这种设计将货币的发行与竞争记账机制完美结合到一起，在引入竞争的同时也解决了去中心化货币系统中发行的难题。

这种去中心化的记账系统可以承载各种价值形式，可以记录能用数字定义的资产，如股权、产权、债权、版权、公证、投票等。这也意味着区块链可以定义为更复杂的交易逻辑，区块链技术也因此被广泛应用于各个领域中。

3.5.2　降低数字化转型的风险

互联网将全世界的人们紧密联系在一起，随之而来的就是巨大的信任问题，包括国家与国家、个人与个人。现存的第三方中介组织的技术架构都是私密而且中心化的，这种模式永远都无法从根本上解决互信及价值转移的问题。而区块链技术可以利用去中心化的数据库架构打造数据交互的信任体系，实现全球互信的一大跨步。

区块链最重要的价值在于能够在信息不对称、环境未知的情况下打造出一个完善的信任生态体系。下面以“拜占庭将军问题”为例，简述区块链如何解决这种数据交互时可能出现的信任问题。

“拜占庭将军问题”由著名计算机科学家莱斯利·兰伯特提出，是现实问题转换而成的概念模型，即将军们如何在仅能依靠信使进行信息传递且有叛徒干扰的情况下，制订出统一的进攻计划。例如共有5位将军，每位将军向其他人传递一条信息，也将会产生20条信息流。同时，每位将军提议的进攻时间未必相同，叛徒可能会同意多位将军的提议，导致信息处理成本出现大幅上升。

当引入区块链这个概念后，问题也会迎刃而解。区块链存在一种以“工作量共识”为基础的共识机制，在单位时间内，只有第一位完成规定“工作量”的将军才可以发起进攻提议，每位将军将会在对上一位将军的提议进行表决后，发起自己的提议。这样将会极大地提升叛徒传递虚假信息的成本，打造出较为完善的信任体系。

在实际应用中，区块链是由多台计算机连接形成的共享网络，具有公开性、安全性和唯一性。若区块链的某些节点数据被损害，只要还有一个节点存有相关数据，这些数据就会在重新建立连接后同步给其他节点。

区块链改变了传统的交互模式。如今，数据的存储不再依赖中心节点，各节点之间的交互都会形成交互记录，由此形成了一种“无须信任”的信任体系，那些依赖信任关系的难题也就迎刃而解了。

3.5.3 区块链 + 供应链：实现产品追踪

区块链技术出现之初，受到影响最深的就是金融行业。随着这项技术的不断发展，可以与其融合的领域越来越多，区块链与供应链之间也发生了“碰撞”。将区块链技术应用于供应链管理中，可以有效解决现有的问题，开创供应链领域的新模式。

传统的供应链包含多个环节，每个环节中都会产生大量的数据，产品的生产商、经销商、零售商，都只能掌握其中的一部分。这意味着，当产品出现问题时，企业很难确定问题的症结出现在哪一个环节。不仅如此，由于大部分产品上没有流通数据的标记，要想实现所有问题产品的召回，需要消耗大量的时间和人工成本，对相关企业都会产生强烈的冲击。

当企业将区块链技术应用到供应链管理后，上述问题也就迎刃而解了。区块链技术可以实现对相关数据的采集、挖掘、分析、存储，从而加强对供应链的监测力度，实现对各个环节的追踪。以此为基础，企业就可以利用最短的时间、最低的成本实现问题产品的召回。

盒马鲜生是阿里巴巴旗下的一个新零售代表，其中，“日日鲜”系列的苹果、土豆、猪肉、鸡蛋等各类食品均实现了全程动态化的追踪。扫描食品上的二维码，消费者不仅可以获得食品生产基地的照片，还可以获得食品的生产流程、生产商的信用资质、食品的检验报告等信息。

盒马鲜生相关负责人表示：“我们采用了二维码追溯、无线采集工具、共享工作流、区块链等先进技术保障食品的安全，让消费者能够买到更加安全放心的食品。”从目前的情况来看，盒马鲜生已经成功实现了食品供应链监测与区块链技术的整合，构建了一个可持续运营的食品安全管控体系，实现了供应环节的全程监控。

区块链技术为我们提供了实时、精准的产品视图，使供应链生态网络的构建成为可能，有效提升了整个行业的透明度，降低了行业风险，极大地提升了各个相关企业的利润。

中篇

数字化转型多维度赋能企业

第 4 章

商业模式数字化：业务与盈利的变革

商业模式是企业发展的核心动力。数字化时代的到来，让那些只靠卖产品的基础商业模式沦陷，整合多方资源的生态化商业模式崛起。这要求企业必须对现有商业模式进行重组，进一步优化权益分配，增强企业的盈利能力，实现企业的可持续发展。

4.1 首要任务：梳理商业模式

构建新商业模式的首要任务是将脑海中模糊的想法，变成可视化的商业模型，以便于梳理出更加清晰的经营思路。商业模式的核心在于企业为用户提供的价值，如果一个企业不清楚自身的价值内涵，是无法建立优秀的商业模式的。

4.1.1 商业模式决定企业的强弱

管理学之父彼得·德鲁克说过："未来企业的竞争，是商业模式的竞争。"很多时候，商业模式直接决定了企业的成败，因此，商业模式创新是企业创新的重要一环。

1. 商业模式不仅是盈利模式

很多人认为商业模式就是盈利模式。实际上盈利模式只是商业模式的一环，盈利模式虽然很重要，但并不是商业模式的全部。企业不仅要找到赚钱的点，还要看到赚钱的逻辑。不同的企业可能盈利模式是一致的，但商业模式却不同。

2. 商业模式重视与利益相关者的关系

好的商业模式会把各个利益相关者巧妙地联系在一起，平衡各方的利益。如果对某一方明显不利，那这种商业模式就不会持续。而这种可能存在不利的情况也为商业模式创新提供了机会。例如，360 安全卫士正是基于原有模式的不利点，重新构建了模式中相关利益者的关系，成功推动了企业商业模式的进化。

3. 商业模式给了企业重新审视资产的机会

在当今社会，企业资产已经不能支撑企业构成竞争壁垒了。大部分优秀企业都是轻资产企业，一方面固定资产会产生折旧损失，另一方面固定资产会占用很多资源，实际上企业并不需要那么多固定资产。因此，在商业模式设计中企业可以考虑将固定资产重新整合，给企业减负，以提高经营效率。优秀企业常会思考如何在没有资源的情况下达到目标，这样设计出来的商业模式远比资本推动的商业模式要优秀。

4. 商业模式需与竞争对手比较

评价商业模式好坏需要比较。如果企业先建立了某个成功的商业模式，后面的企业通过模仿成功的概率是非常小的。除非这家企业能找到特别有区分度的定位，不然怎么都不会超过开创这个模式的企业。

5. 商业模式需考虑怎么把消费者纳入系统中

移动互联网时代使得企业与消费者的沟通成本越来越低，这极大地降低了企业获取消费者认知的成本。因此，一个好的商业模式，需要多考虑与消费者的互动问题，让消费者有持续不断的参与感。

4.1.2 商业模式画布：4 个视角 +9 个板块

在公司经营的过程中，灵感和创意并不值钱，真正值钱的是能落地的商业模式。如何梳理自己的商业模式？《商业模式新生代》作者亚历山大•奥斯特瓦德认为，完整的商业模式包括4个视角和9个板块。为此，他提出了商业模式画布的概念。

下面用商业模式画布来梳理一个商业模式。

第一视角：为谁提供？

1. 客户细分

企业产品的转化率和客单价都严重依赖企业对客户的了解程度。企业打算为什么人提供服务？这些人有什么特点？是企业在设计商业模式时最先要考虑的问题。

第二视角：提供什么？

2. 价值主张

客户与企业合作的主要目的是获取价值。因此，企业要在商业模式中明确自己能为客户提供什么价值？这个价值是客户一时的需要还是长久的需要？是不是拥有持续的竞争力？

第三视角：如何提供？

3. 渠道通道

选对渠道对企业的发展有强大的促进作用。企业要在商业模式中明确企业为客户提供价值的方式以及通过什么渠道服务客户。

4. 客户关系

企业最终与客户要形成彼此增益的关系，即让客户与自己都获利。企业的商业模式中要有获取客户并与客户建立长久联系的方法。

第四视角：如何赚钱？

5. 收入来源

收入来源是一个商业模式的重点部分。企业要避免收入来源单一化、同质化，要尽可能创新切入点，多元拓展收入来源，避免陷入恶性竞争。

6. 核心资源

核心资源是企业的核心竞争力，也是企业的竞争壁垒。只有在某一领域构筑起围墙，企业才能高枕无忧地赚钱。

7. 关键业务

关键业务是企业的主要经济来源。企业的业务范围应当是一专多能的。关键业务负责创造更多盈利，其他业务负责降低企业经营风险。企业在商业模式中要设计好关键业务的发展方式和资源比例，让其拥有绝对的竞争力。

8. 重要合作

第三方合作伙伴也是企业发展必不可少的一部分。企业自己创造价值的能力终究是有限的，但如果与外部资源进行整合，蛋糕就会变大，企业就能有更大的获利空间。

9. 成本结构

成本也是设计商业模式过程中重要的一环。正所谓不花钱就是赚钱，最大限度节约成本，也可以算作盈利。对此，企业要在商业模式中规划成本结构，砍掉不重要的开支和模块，让企业的效率更高。

商业模式作为一个广泛的概念，每个人都有自己的理解。而商业模式画布用 4 个视角和 9 个板块将商业模式具体表达出来，使其设计变得更简单、高效。

4.1.3 用户价值是商业模式的起点

在互联网时代，用户从散点形态演变为部落化形态。企业商业模式设计的出发点在于用户群是谁。没有哪家企业可以服务所有用户，也没有哪家企业可以为用户提供所有产品和服务。

企业在设计商业模式时要明确自己的用户市场在哪，下面是一些常见的用户市场类型。

1. 大众市场

在这个市场中，用户具有大致相同的需求和问题，企业不需要将用户进行细分，只用考虑大多数用户的需求即可。

2. 利基市场

利基市场中的用户属于特定的细分用户群体，他们的需求明确且小众，企业需要专精于某一领域，并且做到足够专业。

3. 区隔化市场

区隔化市场的用户与大众市场的用户需求略有不同，但又不算小众。例如，瑞士信贷的银行零售业务，就为拥有 10 万美元资产的用户和拥有超过 50 万美元资产的用户设计了不同的服务内容。

4. 多边市场

多边市场一般有两个或多个相互依赖的用户群体。例如，信用卡公司需要大量的信用卡持有者，也需要大量可以受理信用卡的商家。而信用卡公司就需要同时为这两个用户群体服务。

4.2 新型的业务结构与盈利策略

数字化时代如何构建新的商业模式？企业要学会转变思维，调整业务结构与盈利策略，创新视角经营企业。

4.2.1 整合第三方利益相关者

企业应该如何实现行业的颠覆？最直接的方法就是资源整合，整合第三方利益相关者，扩大资源规模，让所有合作者都能获利。

广东一家企业通过平台模式和资源整合的商业模式，成功实现了转型升级。

1. 需求定位

这家企业转型前的主要痛点是产品销量少，赊账过多，传统进货渠道少，产品价格高。于是该企业发明了一种O2M（Offline to Mobile）模式，即线下实体店负责顾客体验，移动端做好顾客服务。

2. 如何获取精准用户

这家企业和车险企业对接，定向向有车一族销售高端红酒、高端皮具等。这些客户有一定的资金实力，且以男性为主，非常符合产品的定位。

3. 如何让三方共赢

这家企业和保险公司合作开发了一个平台，让消费者和商家通过这个平台对接，即车险和高档产品对接。没有了中间商，既能降低价格，又能让企业从中获得利润差。

这家企业整合了一些高利润行业的商家，如旅游、娱乐、健身、美容、高档红酒、高档皮具等。

对消费者来说，在这个平台购买产品可以返现18%或兑换等价值的产品。消费者得到了切实的利益。对商家来说，商家不仅多了一个消费渠道，还提高了品牌知名度。通过这个平台，商家相当于在全国开了无数家分店，省了招商、营销推广等费用，只要铺货就可以了。

对平台来说，通过资源整合为消费者提供了更优质的产品，还变大了“蛋糕”，让所有人都能获利。很多商家都发愁没有流量，有了这个平台，消费者在网上就能看到商家，还可以去实体店拿货。既保障了商家的流量，又可以让商家和消费者直接对接，降低了产品价格。

顶尖的商业模式是建立一个平台，让更多人加入平台，通过资源共享实现合作共赢。

4.2.2 “免费”的盈利策略

假设你收到一件不合身的外套，这件外套既不衬你的肤色，又与你的身材不相符，但是它是免费的，你会拒绝吗？大部分人虽然知道自己日后肯定不会穿，但依然无法拒绝，只因为它是免费的。这就是免费的力量。

很多企业都知道免费的力量，所以他们会在展会上向客户赠送低成本的小礼物，引诱他们走向摊位，或为会员提供免费试用品，以此吸引更多用户，开启良性循环。

“免费”不是一种商业模式，只是协助经营的营销策略。许多数字技术公司通过免费、低价开展业务，从而引发消费者兴趣，增加会员数量。可并不是所有企业都能用“免费”来盈利，事实上只有少数企业能用免费样品、免费内容等来增加营业收入。

那么，企业应该在什么时候提供“免费”服务？又应该提供多少呢？当公司需要增加潜在客户需求时，提供免费产品就是一个好办法。例如，一些视频App会免费向用户开放前几集的内容，以吸引他们付费观看。

很多企业在提供免费服务时都会犯一个错误，即不能提供完整的体验。因为他们觉得完整体验的成本有些高，客户体验完整的过程后可能就不会付费了。事实上，这会让潜在客户对体验产生错误想法，因他们初次的体验并不好，所以他们会认为付费后的体验也不过如此。

有些企业不愿意提供免费服务，是担心潜在客户在试用期间，需求就得到了满足。例如，某企业主管想对会员活动进行深入调查，而某调查公司刚好在提供免费试用服务，那么这位主管就能利用免费试用服务完成调查，而不需要付费成为会员，因为他不需要长期使用该服务。对此，企业可以设计一个短期的收费方案，以应对客户需要短期使用服务的情况。

然而，同时提供免费和付费的服务并不是一件容易事。如企业在免费服务中提供了太多价值，客户就没有动力去付费。反之，如果企业没有提供足够的价值，产品就不会吸引任何人。企业要记住，免费不是一个孤立的策略。免费要与其他元素结合在一起才能发挥作用。企业必须制订一个计划，让免费环节创造一定的收入。

假如一个免费策略可以为未来的用户创造更多效益，帮助潜在用户了解企业品牌，让用户为了获得更高水准的服务自愿升级为付费会员，那么，这样的免费策略才是有意义的。

4.2.3 收入趋于多频化与多元化

企业要设计一个商业模式让收入趋于多频化与多元化。

1. 收入多频化

让企业收入多频化的核心理念是增强客户黏性，即首先让客户购买产品成为企业的客户，随后构建粉丝群，并围绕粉丝群升级产品，开发新产品和服务。

客户购买产品需要的不是产品本身，而是满足需求、解决问题。从这个角度出发，可以发现许多收入多频化的方式。

（1）会员制

美国的一些小众电商平台都利用会员制来增加客户黏性、提高复购率。在我国，虽然各大企业也应用了会员制，但只停留在初级阶段。会员制的核心是企业和会员建立的双边关系，企业给会员提供更好的服务，会员反馈给企业更忠诚的消费行为。

（2）产品＋耗材

19世纪末，吉列开创了“产品＋耗材”的模式。这个模式的精髓在于：通过廉价剃须刀获取客户，销售高毛利的刀片持续盈利。

（3）产品＋配件

配件和耗材的模式虽然看起来相似，但配件模式更有难度。耗材模式是先用产品锁定客户，让客户必须选择购买，而配件模式是通过个性化的可选方案，满足更多客户的需求。一般而言，消费频率高的产品，大多选择耗材模式，而消费频率较低的产品，大多选择配件模式。

（4）产品＋服务

服务可以分为两种：一是设备服务，如检修、保养等；二是数字化时代的信息服务，如监测、控制、自动化等。企业要想走出“红海”竞争，必须转变思维方式，从产品模式转化为“产品＋服务”的混合模式。

2. 收入多元化

收入多元化可以理解为“多找几只羊来薅羊毛”或者“让羊毛出在猪身上”。

（1）混搭模式

“混搭”是指将不同行业的产品根据消费者的使用场景融合在一起，从而提升销量。这种模式的关键在于跳出固有的行业观念和惯性思维，真正以用户为中心想问题，只有这样，才能解锁混搭的各种可能性。

（2）引入第三方

对于企业而言，客户流量也是有价值的。如果企业想要增加收入，就需要愿意为企业的客户流量付费的第三方。第三方的引入会改变企业的盈利结构，企业的收入不再只来源于客户，成本也不再只由自己负担，而是既有来自客户的订单，也有来自第三方的订单，成本也分摊了一部分给第三方。

（3）双层架构

双层架构与“产品＋配件”“产品＋服务”模式大概相似，但双层架构加入了平台的概念。简单来说，就是建立基础平台和上层平台，分别提供不同的产品和服务，维系两平台的是精准的客户群体。

设置双层架构，企业要牺牲基础平台的一定利润，以吸引更多客户，为上层平台奠定盈利的基础。另外，企业要清楚基础平台和上层架构的关键点不同。基础平台，关键以价格取胜，能免费就免费，尽量选择高频的产品和服务；上层平台必须与基础平台存在强关联的应用场景，否则客户很难转化，上层平台的产品也要保持高性价比，不能只靠暴利来赚钱。

4.2.4 拼多多是如何崛起的

数字化商业模式可大大扩展企业的成长空间。以拼多多为例，从创立到IPO上市，拼多多仅用了34个月的时间。上市当天，其股价为26.7美元，市值为351亿美元，相当于2/3个京东。

那么，拼多多凭借什么快速汇聚3亿多用户和过百万卖家并实现数千亿元的商品交易规模和数百亿美金的资本估值，成为一家能与阿里、腾讯、百度、京东、网易等互联网巨头并驾齐驱的企业？答案就是其采用的数字化商业模式。

拼多多的本质是依靠“社交＋拼团”的模式发展，社交模式通过微信为其提供流量入口，庞大的流量池快速奠定基础；拼团模式必备的支付工具也可以通过微信轻易解决。这样，拼多多借助腾讯的流量，吸引更多的人加入网购，通过拼手气砍价等吸引消费者分享微信群、分享朋友圈、拉人助力达到优惠力度等，一方面增加粉丝黏性，另一方面提高交易频次，快速建立新的生态圈。

拼多多创始人黄峥曾在给股东写的信中说："拼多多建立并推广了一个全新的购物理念和体验——'拼'……拼多多做的永远是匹配，将好的东西以优惠的价格匹配给适合的人。"这里的"拼"既是拼团也是拼价，拼团建立在成熟的社交商业模式基础上，如腾讯的微信社交，拼价建立在成熟的电商模式基础上，如顺丰的物流、相对成熟的电商体系、强大的制造业支持。

另外，黄峥非常清晰地看到了实现商业模式的用户土壤，他一再强调："平心而论，做拼多多这个东西一大半靠运气，不是靠一个团队纯努力与经验就能搞出来的，这源于深层次的底层力量推动，很像是四十年前深圳的改革开放，热火朝天、生机蓬勃，背后是市场经济改革带来的推动力。在这种推动力之下，做什么都会有爆炸式的增长，这是大势推动的，单凭个人和一个小团队的力量是绝对做不到的。"

事实上，拼多多的成功不仅基于新颖的销售战略，还在于不断创新变化的数字化商业模式。例如，拼多多力求通过大数据为用户定制差异化、个性化的"Facebook 式电商"，最新推出的"新品牌计划"，也使得大规模、定制化的 C2M（Customer to Manufacturer，用户直连制造）模式成为可能。

拼多多将原有的商业模式与数字化战略进行有机结合，同时不断创新自身独有的"拼团"模式，快速颠覆了现有的行业格局。这也是拼多多成功的必然原因，这种数字化战略值得大多数的创新企业借鉴。

4.3 数字化时代的商业模式

数字化转型是一股强大的力量，正在改变所有行业和所有领域的游戏规则。商业模式是企业需要的概念工具，对企业转型非常重要。企业应调整现有的商业模式并制定数字化商业模式。

4.3.1 构建以服务为核心的轻资产模式

数字技术与实体经济深度融合，催生了更多元化的商业模式，让传统行业的企业由重资产向轻资产过渡。

大数据作为企业重要的新资产，正驱动着商业模式向智能化变革。生产经营活动中产生的各种数据成了价值非凡的新生产要素。这种生产要素具有利于共享、便于流转、智能化等特点。数据的共享把企业运营的每一个点连接起来，不仅加速了各生产要素的流通，降低了成本，更开创了新的价值创造模式。企业收集、处理、储存数据等能力都得到了提升，生产和决策也向智能化发展。

数字化发展使企业的生产方式变成了以消费者和服务为核心的智慧化生产模式。智慧化生产表现为个性化定制、服务化延伸，它不仅能提高产品质量，还能灵活利用各生产要素来创造价值，促使企业生产变得更加精准，由大规模生产转变为个性化定制，最终促进整个产业结构的升级。在智慧化生产的背景下，企业开始以用户需求为导向，构建以服务为核心的轻资产模式。

数字化转型加速了智能创新的发展。数字技术的深度应用，降低了创新风险，明确了企业的创新方向。跨地域、多元化、高效率的开放协同的商业模式不断涌现，如互联网众筹、众创、众智平台。企业数字化对产品从设计到使用的每一阶段都发挥着驱动作用，使企业可以激发生产要素的累计效应来创造颠覆性的创新产品，从而进一步“减负”。

4.3.2 跨界融合越来越普遍

随着数字经济与经济社会各个领域的不断融合，第一、二、三产业之间的跨界融合越来越普遍，跨界成为企业重要的商业模式之一，如旺仔牛奶出了潮服、故宫出了彩妆、六神花露水卖起了鸡尾酒。

跨界融合是指两个或多个品牌通过融合、渗透，合作推出产品，用视觉上和认知上的反差来吸引消费者的注意，使相互合作的几个品牌都能得到最大化的营销效果，并提升品牌的知名度。

跨界融合将原本几个毫不相干的元素相结合，为消费者创造新奇的消费体验，以加深其对品牌的印象。因产品与固有认知存在反差，所以很容易在消费者之间形成话题，由此能促使用户自发地传播产品信息。这种商业模式打破了传统的思维方式，融合了不同品牌的差异性，实现了“1+1>2”的效果。

大白兔诞生于1959年，是一个货真价实的老品牌，然而这个老品牌的创新能力却完全不老。大白兔继奶茶、冰激凌后，又与气味图书馆联合推出了大白兔奶糖味香水、沐浴露、护手霜等，一上线就在网络上引起了激烈的讨论。几款产品在官方旗舰店的销量都是“2万+”，并登上了微博热搜。活动期间的总曝光量更是超过2.5亿，传播效果超乎想象。

2018年"想过喝一口六神花露水吗？"成为酒品行业里的热点话题。六神花露水与RIO鸡尾酒合作推出了"六神口味鸡尾酒"，立刻引来了"4万+"的用户围观，上线17秒就卖出了17000瓶。

首先六神花露水用"喝花露水"这样一个新奇的话题赚足了眼球，然后用与花露水相似的包装撩拨着消费者的好奇心，如图4-1所示。这个噱头让"六神口味鸡尾酒"赚足了关注度。

图4-1　六神口味鸡尾酒包装设计

跨界融合要以"和而不同"为原则，既要有反差，又要有相似的目标消费者，常见的跨界手法有2种。

1. 定制款产品

品牌双方合作推出一款定制产品是最常见的跨界形式，这种定制款一般都是通过IP授权的方式来实现。例如，亚朵酒店曾与知乎进行IP合作，将上海一家亚朵酒店的四个房间改造成知乎主题，在房间中加入知乎元素。入住者的房间门卡是一张知乎问答卡，进入房间后还可以免费收听知乎的付费音频。

2. 资源技术合作

跨界融合也可以通过一方品牌为另一方提供技术或资源来进行合作。例如，斐乐曾与梵高博物馆合作，将梵高艺术品与运动时尚结合，这就是一种资源上的跨界合作；苹果手表曾与耐克一起推出了“NIKE+手表”，这就是一种技术上的跨界合作。

4.3.3 贝壳找房：商业模式的极简创新

随着租房成为年轻人的必要需求，市场上出现了很多租房类App，其中贝壳找房作为行业的佼佼者，是如何通过极简创新抓住消费者心理的呢？

李善友曾经说过：“简洁不是从横向做减法，而是在纵向上做除法。”因此，极简创新不是删减用户体验，而是抛开问题表象，找到最底层的原因。以贝壳找房为例，分析如何做极简创新。

1. 自有品牌向平台化转型

贝壳找房原本是链家一个业务线的延伸，从表象看，贝壳找房从自有品牌向平台化转型，是为了让自己有更多的“员工”和顾客。因此，贝壳找房用ACN（Agent Cooperate Network，经纪人合作网络）的逻辑，打破了房产经纪人、房东、品牌之间的边界，把竞争关系转变为合作关系，提升了效率。

2. 一次博弈与零和博弈

从外部看，链家所在的房产中介行业正遭遇着“真房源”的挑战，整个行业面临着信任危机。C端的一次博弈，即对每位用户只做一次性买卖；B 端的零和博弈，即市场规模有限，同行之间竞争激烈。

对于 C 端的个人用户来讲，买房、卖房、出租房都是一个低频的行为，这个周期甚至比房产经纪人的平均职业周期还要长。数据显示，一个房产经纪人的平均职业周期是 6 个月，而在 6 个月中，人均成交量仅为 1.5 套房。

这意味着，一个房产经纪人几乎不可能为同一个客户服务两次。既然复购希望渺茫，那么房产经纪人“一次性宰客”的行为也是无法避免的。

对于 B 端的群体用户来讲，不仅不同品牌的店之间存在竞争，同品牌的店之间也存在竞争。每个门店的市场就这么大，客户就这么些，如果一家店多成交了一个客户，那么其他店就少了一个客户。

因此，贝壳找房将 C 端的一次博弈变成了多次博弈，将 B 端的零和博弈变成了多赢博弈。贝壳找房将房产经纪人的业务链条拆解成 5 步（房源方 5 步，客源方 5 步），每步都由一个独立的房产经纪人负责并回传信息至贝壳找房，然后得到相应的报酬。

房源方的 5 步工作加起来能分到 40% 以上的中介费，客源方的 5 步工作加起来能分到 50% 以上的中介费。其中客源成交人能拿到佣金总额的 30% 左右。这番改动让一次性买卖变成多个房产经纪人共同服务，而报酬则按照完成的工作来计算。面对既定的报酬，房产经纪人不用考虑客户是否会成交，只要完成自己的工作就能得到既定报酬，于是便让多次为一位客户服务成为可能。而原本门店之间的竞争关系变成了责权明确的协作关系，门店间也就形成了多赢局面。

3. 提升单体从业者价值

从价值层看，贝壳找房的 ACN 合作模式把员工变成了合作伙伴，这样有什么好处呢？其最大的价值之一就是提升了房产经纪人的平均职场周期，由原来的 6 个月提升到了 24 个月。

众所周知，一家企业如果员工流动过快，相当于只付出了成本，没有获得人才的价值回报。因此，贝壳找房将原本一位房产经纪人的工作进行极简拆解，表面上是简化了房产经纪人的工作，实则延长了从业者的职场周期，让每个从业者能接触到更多业务，从而提升了每一位从业者的价值。

第 5 章

组织管理数字化：不再用过去的逻辑

突如其来的疫情危机让各大企业看到，数字化已是企业发展的必选项，每位企业家都在思考如何解决数字化难题，以及如何应对数字化的挑战。在企业数字化转型的过程中，组织管理数字化也是一个关键话题，随着组织管理中四个核心关系的改变（个人与目标、个人与组织、组织与环境、组织与变化），企业不能再按照过去的逻辑去管理，而是要寻求一种全新的可能性。

5.1 数字化转型组织管理

企业要想实现数字化转型组织管理，必须从根本上变革组织，如搭建全新的敏捷架构、内部创业挖掘新动能等。

5.1.1 搭建全新的组织架构

2020 年突如其来的疫情，让许多企业的线下业务按下了暂停键。而一些较早开始数字化转型的企业，及时进行了组织创新，以自身的数字化优势，灵活应对，及时止损，甚至创新了业务的方向。

企业要以客户为中心，这是所有企业在努力倡导并践行的。但是，传统的科层制组织决策权掌握在高层级管理者手中，最了解客户诉求的人拥有的权力反而最小，根本无法做到以客户为中心，其本质还是以权力为中心。

在科层制组织中，一线业务人员没有决策权，虽然他们掌握最多数据，但不能灵活地响应客户诉求，任何决策方案都要层层审批，而每一次信息传递都会导致数据丢失，最上层的决策者只能掌握最少的数据，却需要做最重要的决策，因此企业的决策风险会非常高。

为了让产品快速响应市场，以产品为中心的平台化组织得到了发展。每个产品都有各自独立的开发、运维、销售等，通过建立服务平台，提供基于产品的共性需求。

为了提高产品对市场的响应速度，宝洁曾做了组织架构的调整。在这之前，宝洁的组织架构以区域市场为维度，按照国家、区域、城市划分组织，每个区域都有各自的业绩目标。这些目标是上百个产品共同实现的，各个区域的策略不同，资源配置方式也不同，一些还有发展潜力的产品可能会因此被忽略。

所以，宝洁以品牌和品类为中心，制定了与品牌和品类相关的策略和目标，看其在全球市场上是否成功，而不是在某个区域市场上是否成功。这样的组织就成功以产品为中心了。因为宝洁业务复杂，这个调整用了将近五年的时间。

平台型组织还需要更敏捷地响应前端的客户需求，如为了适应“双十一”促销活动，组织集中力量满足一时的需求，但是活动过后，整个供应链会出现闲置，这种闲置会产生巨大的成本。但如果是开放型组织，企业就可以通过整合社会资源来满足临时的高需求，然后等需求结束后，再让资源回归社会，从而节约资源。

为了适应组织的开放性需求，生态型组织正在兴起。生态型组织是一种开放式的组织模式，每个人都是生态体系中的一员，都在为这个生态的发展贡献自己的力量。

例如，滴滴出行的共享出行平台就是一个生态型组织。在这个平台上，专车、快车司机构成了一个组织，都为平台提供服务，为平台“代言”。但他们与平台之间不存在雇佣关系，而是一种松散的合约关系。司机进入组织后，会签署一份协议，其中包括市场规则、法律规则、伦理道德等。组织内会有竞争，但更多的是合作，这类似于创造了一个大环境，只有大家共同维护这个环境，才有共同发展，否则就可能破坏这个生态体系。

生态型组织需要一个运营商。在滴滴出行的平台中，滴滴公司是运营商，它们制定规则和标准，对生态内部的活动进行监控，并收取服务费用于这个生态体系的发展。生态型组织已经超越了传统企业的定义，它更加开放，可以提供多种服务，是未来企业组织发展的大趋势。

从传统组织到平台组织再到生态型组织，企业的组织架构越来越轻巧、敏捷。权力的作用被逐渐弱化，产品、客户、需求成为中心。

5.1.2 “内部创业”助力组织转型

很多企业通过内部创业的方式盘活企业资源，助力组织转型，从重资产向轻资产发展。但很多人理解的内部创业，只是员工发掘项目，公司提供资源、渠道，将雇人干活儿转变为一起打天下。然而，内部创业并不局限于此，事实上内部创业有三层格局。

1. 小成本试错

京东商城曾设立一个众创学院，作为内部创业孵化器。京东认为现在的世界充满了不确定性，3 个月之前对市场的判断，3 个月后可能就变样。所以，企业不需要那么大，而是要小步快跑。很多公司推行内部创业，主要目的是用小成本去试错，试探自己的设想是否能落地。例如，很多互联网公司投资区块链团队，主要不是为了盈利，而是给未来的生意做一些准备，试探想法的可行性。

2. 刺激组织活性

Supercell（超级细胞）曾被福布斯称为“历史上增长速度最快的游戏公司”，雷军、马化腾都曾拜访过这家公司。这家公司只有 200 多个员工，但利润超过 10 亿美元。公司内部 5 人就是一个项目团队，各个团队独立运作，能快速试错和调整，公司负责向各个团队提供资金、流量等支持，其他方面完全不用管理。

这样的内部创业，主要为了刺激组织内部活性，将个人潜力充分发掘出来。一个高质量的人才，拿两倍工资，做三个人的事，大家都高兴。对企业来讲，工作效率高了，成本低了；对个人来讲，人际关系简单了，薪水高了。因此，这样的企业会产出越来越多的优质成果。

3. 建立持久的创新生态

美国企业的内部创业，其实是跟大学、投资机构合作，构建内外协同的创业生态。以麻省理工学院为例，它的学院校舍在能源公司、IT 和数据公司、生物制药公司、风险投资公司。如果公司中有人有创业想法，公司可能会派他去大学兼职研究，看看这个领域的前沿动态。公司的利益诉求、个人的创业想法、市场的需求，糅合在一起成为麻省理工学院的研究方向。

真正优秀的内部创业，并不是企业独自闭关研究，而是主动融入一个创新生态。例如，1998 年华为的年收入只有 60 亿元，但是它就敢拿出 10 亿元筹建华为大学，培训人才。华为向来舍得在研发上投入，欧盟的报告指出，华为 2018 年在研发中的投入超过 113 亿欧元，位居全球第五。在流程管理上，华为与 IBM 合作，仅咨询费就投入了 20 亿元。通过改进流程，华为建立起了研发、供应链、人力资源等各方面的体系。

创业是做未来的生意，但其背后一定要有成熟的体系作为支撑。企业要记住一切都是精心规划的结果，没有天上掉馅饼的好事。即使未来的市场再不确定，有一套优秀的组织模式背书也不会让企业发展得太差。

5.2 企业文化要适应数字化转型

在企业组织管理数字化转型的过程中，文化和价值观的变革也是必不可少的一步。企业内部必须形成与数字化管理相对应的开放、自由的企业文化，由内而外推动企业转型。

5.2.1 开放、自由的企业文化

在企业进行数字化转型的过程中，企业文化的演变也是一种必然趋势。随着企业边界逐渐模糊、生态越来越开放，企业文化也要变得开放、自由才能适应企业的新发展。

企业文化的变革源于全球经济一体化的发展要求。20 世纪 70 年代，日本经济的强大，让欧美管理学家开始研究日本企业管理，他们发现日本企业更注重员工对企业的忠诚度，喜欢在企业内塑造一种将价值与心理因素整合的文化。在此基础上，80 年代初，阿索斯和沃特曼等学者掀起了企业文化研究的热潮。

但凡成功的企业文化都具有社会特征。例如，美国是一个讲究个人主义的国家，所以在 IBM、惠普、沃尔玛等美国企业中，实现员工价值都是企业价值观的核心内容。

在经济全球化的背景下，文化多元化已成为一种发展趋势。但在这种发展趋势下，民族文化依然是企业文化的重要体现。例如，我国

文化中有重视仁爱、以人为本的传统，有团结一致，重教育、启发、感化的传统，有自强不息和爱国主义的传统等。在越发开放、自由的数字化时代，企业不仅要吸纳优秀的外国文化为我所用，还要注意保持和发扬我国优秀的传统文化，从而将我国优秀的文化传统与先进的现代管理思想相结合，提升企业的竞争力。

企业文化的作用在于凝聚力、约束力以及激励和辐射，是一种新的管理方式，最终目标是长期服务企业经营战略。因此，企业文化建设必须围绕企业的未来目标。数字化转型作为各行各业的趋势，也是企业文化建设的重要内容。因此，打造开放型企业文化势在必行。

没有一个企业文化能够脱离大环境在封闭的状态下生存，特别是在当今互联网快速发展、经济环境开放自由的背景下，文化多元化已经成为新的发展趋势。企业需要思考外部环境的变化对企业文化的影响，进行系统思考、系统建设，将企业原本的优秀文化与未来战略相结合，制定出符合企业数字化趋势的文化和管理方案，从而改善经营绩效，提高竞争力。

5.2.2 将“部门墙”打通，实现高效沟通

随着互联网思维进入各行业，数据已经开始由信息资源转变为生产要素，成为支撑公司发展的重要基础。企业也应该顺应数字经济发展的趋势，引进现代化的沟通与协作工具，推动企业内部的数字化进程，将“部门墙”打通，实现高效沟通，形成开放的企业文化。那么，又有哪些现代化的工具值得使用呢？

1. 故事墙

故事墙适合产品的研发部门使用，通常分为计划、开发、测试、

完成四部分，产品的每项需求以卡片形式进行展示，卡片的位置越高代表该需求的优先级越高。通过对产品的需求进行梳理，整个项目的研发进度也变得一目了然。

需求卡片通常分为三种，并使用不同颜色进行区分，互联网公司中通常用黄色表示功能需求、蓝色表示技术需求、红色表示产品 bug（指产品有漏洞）。需求卡片需要包括需求内容、执行者和预计完成时间，如图 5-1 所示。

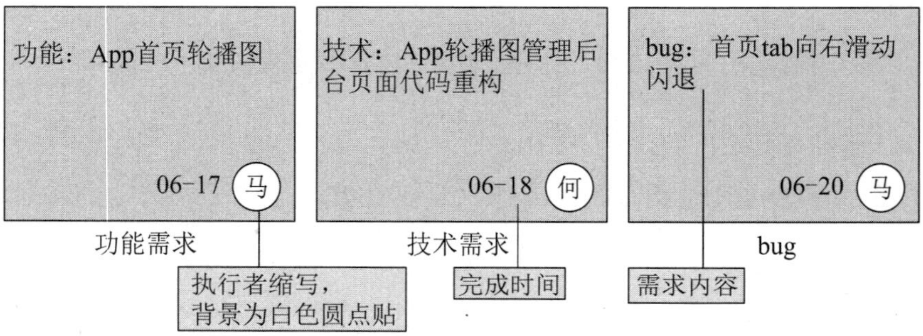

图 5-1　需求卡片示意图

除了开发进度这种一目了然的信息外，企业也可以通过故事墙了解一些隐性信息。例如，计划区的卡片较少，说明产品的需求数量和更新速度出现问题，需要由产品策划部门进行补充；当某项需求长期未被解决，说明出现技术瓶颈，需要与相关部门进行沟通，明确是需要加大资源投入还是暂时放弃该需求。

2. 数据墙

数据墙适合产品的运营部门使用，它可以将反映产品运营状态的参数进行展示，如日新增、日活跃等。运营部门也可以根据产品类型或产品所处阶段决定参数类型。

数据墙可以用参数、日期作为核心维度，制成简单的二维数据表，企业可以绘制折线图表明数据的发展趋势，并绘制出目标量，以方便观察目标的完成情况。数据墙可以培养员工关注产品数据的习惯，并增强其数据分析能力。

在运营过程中，企业也要将新发现的关键参数展示在数据墙上，并补充改版前后这些数据的表现，这样可以帮助企业更好地找到产品改进的突破点。

3. 邮件

因为邮件并不会对对方造成过强的干扰，同时又可以及时送达，所以非常适合用来共享那些大量或需要引起重视的信息，如会议的资料及总结等。但邮件的提醒性较弱，因此在发送邮件后，发送人还需要通过即时通信工具提醒对方查阅。

在团队工作中，企业可以为同种类型的邮件设置统一的主题格式。这样，员工就可以快速地实现归类处理，从而加速邮件处理。

4. 共享文件夹

共享文件夹适合存放那些占存储空间很大，或者不方便在线上进行修改的文件。前者包括 PSD 原稿、视频工程文件等，后者包括协作完成的 Excel 表格、Word 文档等。

这类文件并不常用，在需要时又很难迅速传输，因此都可以在共享文件夹中进行存档，方便随时取用。值得注意的是，员工只能在局域网范围内访问共享文件夹。

线下共享工具的位置醒目，且可视化程度较高，但需要专人进行实时维护，同时单次可共享数据较少。线上共享工具则正好相反，共享数据较多，无需专门维护，但其可视化程度不高，需要员工主动进行查找。

在实际使用中，企业可以综合运用这些协作工具，降低数据共享的时间及资源成本，从而推动公司内部的数字化进程，全面提升公司各部门之间的沟通效率。

5.2.3 组建数字化“人才联盟”

很多年前，我国国有企业的工作大都很稳定，只要员工不犯严重错误，就可以一直工作下去。随着市场经济体制的确立，这种“终身雇佣制”受到了外企和民企的冲击，“自由雇佣制”随着市场经济出现了。所谓“自由雇佣”是指员工有选择雇主的自由，雇主也可以自由解聘员工。

“自由雇佣制”的出现催生了大量的招聘公司。人才开始在各大企业间流动，很少有人只在一家企业工作一辈子，企业也不再保证会给员工一个长期稳定的职位。这种自由雇用的关系优化了人力资源配置，但也让员工的忠诚度大幅下降，很多人一有机会就想跳槽，很多企业不愿意培养新人，害怕人才流失。于是，企业失去了高潜力人才，人才也无法充分投入工作。

时代在变化，人才雇用的方式也在变化。“终身雇佣制”对于当今的网络时代来说太过死板，不适合现在的宏观环境。然而，“自由雇佣制”又导致员工忠诚度下降，企业人才容易流失。那么，有什么办法可以在保持自由雇用制的基础上，又让员工和企业保持信任呢？人才联盟是一个很好的解决办法。

领英（Linkedin）创始人里德·霍夫曼提出了一个新的人才策略，即雇主与员工之间的互惠关系联盟。这种互惠关系需要企业与员工双方把心理契约书面化。企业需告诉员工：“只要你让公司更有价值，公司就让你更有价值。”员工需要告诉老板：“如果公司帮我壮大事业，我就帮公司壮大事业。”这样，员工专注帮企业取得成功，而企业注重提高员工价值。员工和企业双方都投资了这段关系，他们之间的联系也就更牢靠。

例如，某企业为了培养一名新员工花了很多钱，但这个人在参加培训后几个月就离职了，于企业来说的确是一段损失。但如果因此削减培训预算，又无法切实地让人才推动企业发展。这时，最理想的方式就是企业和员工各自公布各自的预期，员工提出自己想要发展的技能和对企业的承诺，企业向员工表明自己的投资数额和期望回报。

当然在我国，这种人才联盟策略需要做一些本土化的调整。企业虽然不是家庭，无须刻意营造一种家庭氛围，但成员之间的相互关心依然是必要的，它能增强员工对企业的归属感。另外，那些已经离开企业的员工，企业依然可以和他们保持像朋友一样的联系，扩大人力资源网络也是为企业储备社会资本，能给双方带来好处。

在如今这个数字化时代，变化每时每刻都在发生，“终身雇佣制”已经成为过去式，企业和员工都需要弹性。企业不用负担员工的一辈子，员工也不用对企业绝对忠诚。但企业和员工依然需要在约定时间内的相互忠诚，因为没有这种忠诚，双方就无法做长期考虑和共同投资未来。人才联盟能让企业和员工达成心理契约，让双方注重中长期收益，从而保持稳定的合作关系，实现真正的双赢。

5.3 数字化转型需要领导力

随着企业数字化转型的推进，企业中精通数字技术的人才越来越多。这些人才对企业的期望不仅是更大的灵活性、更高的薪酬和更好的工作环境，还有尊重他们想法和价值观的领导。这意味着，企业领导者需要转变自己行使权力、影响和控制的方式，才能适应企业数字化转型的趋势。

5.3.1 与战略匹配的愿景、使命、价值观

企业愿景是企业的理想抱负，是企业发展的方向；企业使命是企业的责任，是通往愿景的途径；企业价值观是基于共同的愿景和使命，对未来所持的思维方式和观念。在企业数字化转型的过程中，重塑企业的愿景、使命、价值观，可以帮助企业明晰数字化转型的蓝图、责任和实施方式，顺利完成企业数字化转型的各项工作。

1. 明晰数字化转型的愿景

愿景是企业未来的目标，它为企业指引方向。缺乏数字化转型的愿景，会导致数字化转型方向不明确，无法知晓企业究竟要转成什么样子。对此，企业可以从两方面着手，确立数字化转型的愿景。

第一，站在未来看现在。当今世界，新一代数字技术成为企业发展的驱动力，企业生产方式、管理方式都在发生根本性变革。可以预见在未来的十年、二十年的时间内，数字技术将彻底改变企业的生存环境和运营体系，因此，企业应着眼未来的企业形态，为企业制定数字化转型愿景。

第二，立足现在看未来。数字化转型是一个长期过程，企业应在仔细评估自身状况的基础上，立足自身资源优势，结合行业发展趋势及整个行业的数字化进程，确立数字化转型的愿景，形成一个相对准确的未来蓝图。

2. 确立数字化转型的使命

使命是企业较长时间内需要达到的一种状态。确立企业数字化转型的使命可以形成时间紧迫感，推动企业各个部门思考自己的责任和任务。企业可以从内部、外部两个视角确立数字化转型的使命。

①内部视角。企业内部数字化转型的使命是让企业用数字化来解决内部问题，形成具有自身特色的数字化管理模式，如用数据决策、数据驱动业务等。

②外部视角。企业应认真分析客户、供应商、营销、服务商等角色在数字化转型中面临的各类问题，掌握这些业务的数字化转型需求，如数据互通、开放共享、建立灵活交互的企业生态等。

3. 树立数字化转型的核心价值观

核心价值观是数字化转型的思维方式和行动指南。拥有正确的价值观，才会有正确的数字化转型思路，指导企业进行积极行动，从而收获积极的结果。如果企业不能树立正确的数字化转型价值观，很可能在社会道德层面犯下错误，给企业造成不可挽回的损失。树立正确的企业数字化转型价值观，可以从以下几个方面考虑。

①技术向善。技术虽然是中立的，但技术改造的业务却有可能对人造成伤害。随着互联网、大数据、人工智能等技术的广泛应用，技术对客户的影响越来越大，企业应该有强烈的道德责任感，将技术向善作为企业价值观。

②客户为中心。客户是企业生存发展的基础，也是数字化转型的出发点和落脚点。以客户为中心的价值观，要求企业注重客户需求和体验，并以此来指导企业数字化转型工作。

③肩负社会责任。企业也是社会的一部分，数字经济时代，企业、

社会、客户、公共服务的边界被不断打破，成为社会活动的重要主体。因此，企业在享受数字经济时代各种便利的同时，还要肩负社会责任，这是企业数字化转型的义务。

5.3.2 管理者必须具备的5种创新能力

管理学大师彼得·德鲁克曾言：“企业家就是一群善于创新的人，创业精神本质上等同于创新精神。对于面临数字化转型的企业家而言，创新精神尤为重要。”研究表明，一个具有创新能力的管理者具有5大“技能”，即质疑、观察、试验、建立人脉和联想。这些技能综合起来构成了“创新者DNA”。“质疑”让管理者突破现状，思考新的可能性；“观察”让管理者能够探索客户、供应商和其他公司的行为细节，发现新的商业模式；“试验”让管理者不断尝试，探索新的世界；“建立人脉”让管理者结识不同的人，获得完全不同的视角。上述四种行为是管理者展开“联想”的基础，这些新想法汇聚在一起，最终创新就发生了。

1. 质疑能力

质疑能力是提出正确问题的能力，一个好的问题往往会激发出许多的答案。彼得·德鲁克曾言：“最重要、最艰难的工作从来不是找到对的答案，而是问出正确的问题。”这种质疑能力会为解决问题打开一个新的思路，让管理者发现另一种可能性，这种可能性往往是创新的突破口。

2. 观察能力

创新者善于从不同角度观察世界。因此他们会对常见的现象进行更加详细的审视，从而提出不同寻常的商业创意。印度企业家拉坦·塔塔因看到了一家四口挤在一辆摩托车上的情景，产生了“生产全世界最便宜的汽车”的灵感。随后经多年研发，塔塔集团通过模块化生产方式生产出了售价仅 2500 美元的汽车 Nano，这款车型颠覆了印度的汽车市场。

3. 试验能力

同科学家一样，创新能力强的管理者会积极尝试新的想法。正如爱迪生所言：“我并没有失败，我只是发现了 10000 种行不通的方式。”这些管理者把整个世界当成他们的实验室。

亚马逊创始人贝佐斯认为试验是创新的重要组成部分，他甚至把试验作为一项公司制度。贝佐斯说：“我鼓励员工去钻牛角尖，进行试验。如果能使流程分散化，就可以进行大量的低成本试验，这意味着公司将得到更多的创新。”

4. 建立人脉的能力

普通管理者搭建人脉只为获取资源、推销公司，而创新型管理者则会有意识地结交各类领域专家。

RIM 公司创始人迈克尔·拉扎里迪斯曾表示，黑莓手机的灵感来自自己 1987 年参加过的一次会议，当时一位发言者描述了为可口可乐设计的无线数据系统，可以让自动售货机自主发出补货信号。于是迈克尔·拉扎里迪斯想到了将无线技术和计算机整合起来。

5. 联想能力

联想能力是把一些看似无关的问题关联起来的能力，是创新者的核心能力。弗朗斯·约翰松曾提出“美第奇效应”，是指文艺复兴时期，意大利的美第奇家族曾将不同领域的人才聚集在一起，如画家、科学家、诗人、哲学家、建筑师等，结果新创意在这些领域的交叉点上不断涌现出来。

乔布斯也是一个具有强大联想能力的人。例如，iPad 就是一个通过联想得到的产品，首先做一个大容量的随身听 iPod，然后加上了多点触控技术的 iPod，就变成了 iPod touch，给 iPod touch 加入通信功能，就是 iPhone，将 iPod touch 的屏幕变大，就是 iPad。

创新思维并不是与生俱来的，它需要在实践中不断发展和强化。管理者需要坚持与别人想得不一样、做得不一样，不断理解、强化"创新者 DNA"，才能提升自己的创新能力，从而帮助企业找到更有效的创新方法。

第 6 章

采购供应数字化：智能性与前瞻性兼顾

随着互联网技术的普及，数字化为企业的各个部门带来了新气象，采购部也不例外。传统的封闭式采购环境难以支持各部门之间的协同发展，落后的管理理念和采购系统使企业产生了巨额的无效支出，企业亟须利用数字化手段实现采购模式的解构与升级。

6.1 数字化采购成为发展新趋势

随着企业数字化的进一步发展，数字化采购成为企业发展的新趋势。它可以让企业的采购工作更灵活、更高效，从而提升整个供应链的管理效率。

6.1.1 效率化带来采购新模式

数字化的浪潮席卷而来，在巨大的生存压力下，企业只有变得更灵活、更高效，才能在新时代获得更好的生存和发展。因此，供应链管理及许多面向用户的服务型环节都争相开展数字化转型。

采购环节也不例外，许多企业开始部署电子采购系统，引入了云采购工具，企业的采购模式也从 1.0 人治时代逐步向 3.0 共享时代迈进，这个变化其实反映了一个趋势，即效率化提升。下面从成本病、质量波动、波峰波谷三方面入手，揭示效率化的本质，如图 6-1 所示。

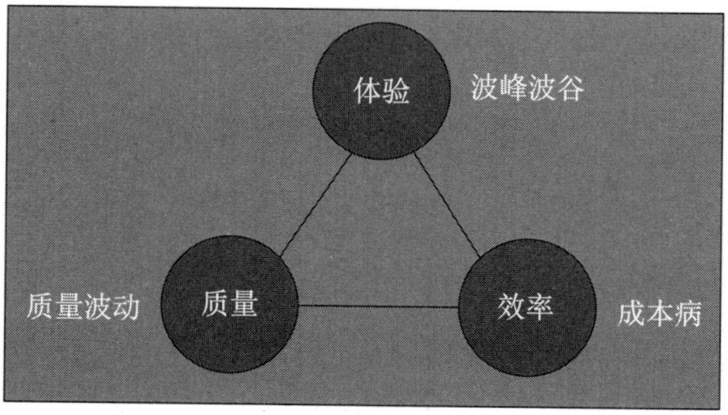

图 6-1　效率化的本质

1. 成本病

美国经济学家威廉·J. 鲍莫尔（William J. Baumol）首次提出了服务业成本病的概念，并将其简化为汽车生产与艺术表演的思考模型。对于汽车生产行业而言，技术的进步提升了劳动生产的效率，汽车生产需要的工人也随之变少。但对于艺术表演行业而言，三百年前的莫扎特四重奏需要四个人表演，三百年后依然如此，这意味着劳动生产率的增长出现停滞，艺术表演行业存在成本病。

2. 质量波动

在企业的采购管理中，企业的采购需求广泛而多变，不同区域、不同部门存在较大差异，供应商的供货情况也容易受到原料、工艺、天气等多种因素的影响。降低采购工作的质量波动及基础成本也因此成为采购人员的重要任务。

3. 波峰波谷

采购工作是按需、实时交付的，库存偏差会导致企业难以应对市场需求的变化，而市场需求存在时差，这会产生具有高弹性的波峰波谷效应。这个效应要求采购人员弹性配置企业资源，对于采购人员而言是一项不小的挑战。

基于此，企业需要借助数字化思维打造新型采购方案，推动采购模式由 1.0 向 3.0 发展。在共享时代的数字化采购模式下，采购人员可以通过移动终端实时查看采购部门的支出情况，采购系统也可以对交易数据以及市场情报等信息进行智能分析，帮助采购人员简化采购流程，制定最精准的采购决策。

6.1.2 先进的数字化采购

数字化的浪潮席卷而来，无数企业在生产、销售、售后服务等各项业务流程中引入数字化工具，希望可以通过这种方式使业务变得更灵活、更高效，在全新的数据时代获得更好的生存与发展。

以采购部门为例。在数字化采购模式下，采购人员可以通过移动设备实时查看产品及原材料的支出情况。同时，采购系统也能为采购人员提供更全面的视野，优化采购决策，提升采购效率。以下几个要点可以帮助我们轻松、高效地构建数字化采购系统。

1. 数据

通常情况下，采购部门只需要对产品原料、机械设备等生产资料的支出情况进行收集与整理，诸如供应商的库存情况、市场的波动情况等，这些流程相关数据若未得到重视，将阻碍我们做出最优的商业决策。

数字化采购系统的构建要求我们扩大数据的收集范围，与采购活动相关的其他数据同样值得收集。例如，在了解市场价格的波动情况后，我们就可以计算出企业的资产成本及价格杠杆，这些数据可以使我们的采购决策更合理、更低价。

2. 技术

数据是实现数字化采购的前提，人工智能、数据分析等先进技术则是数字化采购的原动力。当我们将这些技术与企业的业务进行有机结合后，我们便可以更好地实现业务流程的自动化、智能化，从而全面提升数据的处理效率，实现采购决策的优化。

3. 使用体验

采购人员是数字化采购系统的直接使用者，使用的人数越多，系统便能收集到更多的数据，后续的采购效率也就越高。因此，我们需要对采购系统进行全方位的优化，提升采购人员的使用体验。我们可以将采购系统做成门户网站的形式，复杂的计算过程在后台完成后，结果则简单、清晰地展现在前台，以便采购人员进行决策。

4. 专业团队

数字化采购系统的构建需要专业的技术团队进行。这个团队中至少需要包括四种领域的专家，即构建数据模型的数据专家、判断数据关联性的采购专家、熟悉技术及软件的IT专家和能够提升使用体验的设计专家。

只有这样，数字化采购系统才能从数字化的全局视角出发，对整个采购活动进行系统、整体的规划，从而实现采购决策的最优化，采购效益的最大化。

5. 运作模式

数字化采购系统提升了采购人员的数据获取效率，为其建立了与供应商之间全新的合作方式。我们也应该对原有的制度及流程进行梳理，对采购部门的运作模式进行调整，让采购人员可以充分利用数字化采购系统中的各项功能。

在掌握上述要点后，我们便可以根据采购部门的实际情况为其构建更灵活、更高效的数字化采购系统。

6.2 采购数字化之识别和创造价值

在这个数字为王的时代，数字化采购离不开大数据的应用。大量的数据可以帮助企业做出精准决策，用低成本换取高价值。

6.2.1 借助大数据做采购决策

随着互联网技术的发展与移动设备的普及，大量的用户数据被存储下来，这也使我们可以利用数据制定更精准的决策。如今，越来越多的企业选择建立大数据团队收集用户的行为数据，并将收集到的数据作为制定战略决策的依据，寻找产品创新的路径。

数据收集是实现数据驱动战略最重要的步骤。对于零售行业而言，几乎所有门店都会实时向系统发送库存数据。这不仅是因为未能及时补货会降低企业的交易额，更是因为产品的长期积存会增加库存的周转时间，降低供应的效率。

传统的零售企业在线下门店的数字化转型方面投入的资源比例不大，这使得门店只能根据从业经验预测产品需求。这种预测方式的不确定性过高，很容易造成冷门产品库存积压、热销产品断货等问题。大数据技术的发展为这些门店的经营决策提供了理论依据，极大地提升了采购决策的精准度。

在收集充足的数据后，采购系统就可以根据库存状况智能生成采购方案，还可以对未来的需求进行精准预测。采购系统计算时输入数据主要来自系统参数，如库存情况、物流周期、产品规格等。此外，产品的大小、规格等基础信息也会对采购方案的生成产生影响。

采购系统的数字化程度越高，意味着决策越精准，这也对采购的参数和逻辑提出了新的要求。采购方案需要以供应链的库存管理理论为基础开展，企业在正式投入使用前还需要先对系统逻辑和采购方案进行验证。

在海量数据的支持下，企业的采购决策势必会更精准，最终成为企业的一把数字化利剑。

6.2.2 共享采购用低成本换取高价值

在供应链管理系统的协助下，企业与供应商协同采购的效率得到了显著提升，但这种封闭性较强的线性管理体系十分容易形成大型数据孤岛，在缺乏信息交流的情况下，企业的风险抵御能力与谈判议价能力都会受到一定程度的削弱。

世界范围内原料价格的上升进一步增加了经济环境的不确定性，企业急需摆脱旧有模式，增强采购风险的防控意识，提升采购工作的集约化程度，建立共享型采购系统。

互联网天然具有共享的属性，这使它可以更快地接入全球性的资源和服务，并借助第三方采购平台进行集中采购，从而快速形成规模经济。互联网将线上的信息整合与线下的采购过程进行有机结合，从而以最低的成本创造最大的价值。这种实时、多元的协同采购模式将替代传统的线性、封闭的采购模式，推动资源的社会化交换。

同时，随着新一代数字技术的广泛应用，企业的采购模式也从面向供应链的电子采购转变为面向社会的互联网采购。共享也成为新型采购模式的重要特征，它将采购以更专业的形式展现出来，极大地提升了采购工作的效率和质量，帮助企业更好、更快地创新业务模式，降低企业的运营风险。

这种共享可以是企业内各个部门之间的共享，也可以是企业间的共享，它实现了采购业务的再分工，使企业可以用最低的成本获取最佳的采购服务。如今，越来越多的企业借助共享采购模式实现了采购业务的数字化转型，向社会化的智慧采购新生态迈进。

6.2.3 集中采购促进职能细分

在实际工作中，有不少人把“集中采购”视为企业统一进行的采购活动，这其实是一种片面的、不科学的理解。这种“集中采购”模式很难提高资金使用效率，采购人员也无法充分行使相关权力。实际上，正确的集中采购模式可以帮助企业进一步细分采购职能，显著降低采购成本，这种“集中”主要体现在以下 3 个方面。

1. 财政预算的安排

财政部门需要对各个部门中类似的采购项目进行集中安排，从而有效扩大企业的采购规模，提升采购工作的工作效率与效益，实现采购资金使用效率的最大化。

2. 采购项目的批次

采购人员对于相关项目的采购应该尽可能减少采购次数，将那些相互关联的采购项目进行整合，减少分批次采购对采购效果产生的影响。那些财政部门安排的采购项目，更要不折不扣地按照预算要求进行。

3. 原材料的验收

采购部门可以成立专家验收小组，对采购到的产品进行集中验收后，再交付给各个部门，这样可以减少采购人员的验收工作量，节约需要的人力及财力资源。同时，集中验收也会在一定程度上加强验收人员对于原材料的质量管控力度。

采购是一项复杂的工作，企业必须建立健全的采购制度，严格按照法律法规以及有关规定开展采购业务。集中采购进一步细分了企业的采购职能，有利于企业建立标准化、流程化的采购模式与监管机制，获得实力更强的供应商。

6.3 采购数字化之避免价值漏损

企业的采购过程很可能会出现风险问题，包括人为风险、经济风险和自然风险等。而数字化采购可以对供应商进行前瞻性管理，控制采购风险，避免采购过程中的价值漏损。

6.3.1 前瞻性供应商管理

某企业通过采购共享平台制定了一套企业后端的采购方案。该方案分别针对前端的用户、中端的采购部门和后端的供应商打造了3个闭环，他们可以针对其中的任意环节进行信息共享与业务协作。同时，他们还将第三方资讯平台引入前端，并通过这种方式实现对后端的管理支出，如图6-2所示。

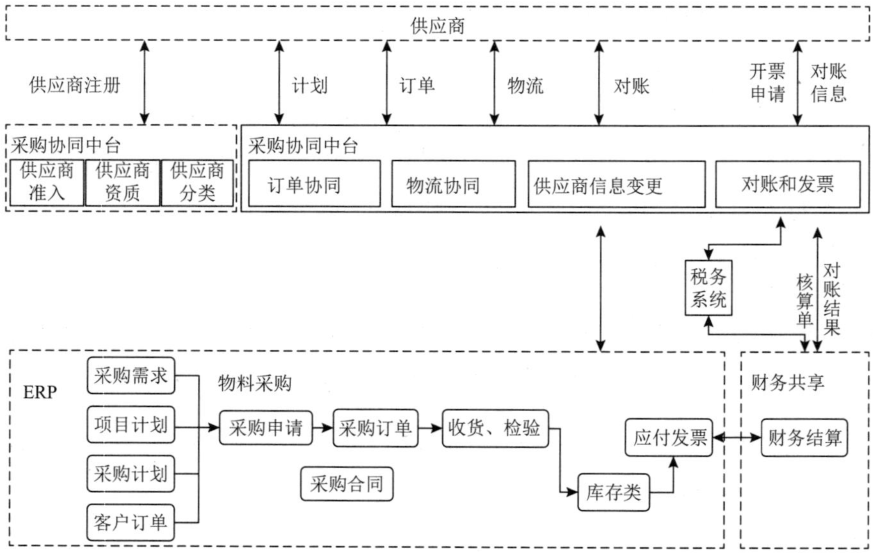

图 6-2　某企业的采购方案示意图

这家企业设置在后端的两个 ERP 系统累计涵盖 100 余位法人。ERP 系统是企业资源计划的英文简称，即以信息技术为基础，以供应链管理为核心的管理平台。ERP 系统通常以供应链为基点，实现企业资源及运作模式的优化，从而有效改善企业现有的业务流程，显著提升企业的综合实力。

当然，这份采购共享方案中还存在许多不足之处。两个 ERP 系统中使用的订单模式、申请流程、发票结构等均存在较大差别，使得订单匹配工作需要同时在两个系统中进行，为财务部门增添了许多工作量。

除此之外，我们不难发现这两个 ERP 系统并没有与采购协同中台进行直接连接，这意味着在使用过程中这两个系统都没有受到监控，十分不利于对数据进行系统的管理。我们可以在 ERP 系统之上建立一个供应商协同中台，从而实现与采购协同平台的互联互通。这样就可以确保交易信息的实时更新，财务部门也可以减轻工作量，更好地实现与供应商的对接。

6.3.2 FMEA 控制采购风险

FMEA（失效模式与影响分析）是一种常用的统计分析工具，它可以对采购、生产、交付等各个阶段存在的风险进行分析，从而帮助企业将这些风险的影响降到最低。FMEA 最早由美国国家航空航天局提出，目前被广泛应用于各类工程领域，成为无数企业进行质量管理的必备工具。许多制造厂商都会借助它对产品的设计和生产过程进行监管。

利用 FMEA 对采购风险进行有效控制，实际上是在强调企业需要对采购风险采取预防措施，在风险发生前就制定好相应的管理方案。这也意味着我们需要提前考虑好可能产生的问题，产生问题的原因以及相应的后果，并提前制定管理预案。

FMEA 开始于产品设计和制造过程开发活动之前，并贯穿产品的整个生命周期。FMEA 能够对采购流程中的各个环节可能产生的故障按照严重程度、维护难度、发生频次等问题进行分类归纳，使采购风险管理从“救火式”向“预防式”转变。

FMEA 可以帮助企业对可能出现的采购问题进行预判，从而有效规避风险，转危为机。

第 7 章

生产制造数字化：给传统的制造穿新衣

数字化也为企业的生产制造发挥了重大作用，它改变了生产路径、生产模式，让传统制造焕然一新，无人工厂由此应运而生。

7.1 生产路径的变革

数字化改变了企业的生产路径，由原来的先生产产品，再对接用户，变为了先对接用户，再生产产品。用户的需求由此被进一步满足，企业也拥有了更多的盈利机会。

7.1.1 用户→产品：定制化与小众

过去的企业通常以产品为导向，即根据自身的制造水平设计产品的功能，这种方式难以兼顾用户的真实需求，逐渐被市场淘汰。如今的市场经济要求我们以用户为导向，即根据用户的实际需求设计产品功能，产品的需求者与使用者得到了统一，这样的产品也会具有更高的使用价值。唯品会就将用户导向做到了极致。

现代女性消费者倾向于独立与自主，有着旺盛的消费需求与消费能力。这一特征给创业者带来了无限机遇，同时也提出了更大的挑战。

唯品会较早地察觉到了“她经济”时代的商机，洞察和顺应了女性用户的消费习惯，致力于满足并超越女性用户的心理需求。例如，基于用户数据分析采取惊喜营销策略，成为首家登录微信朋友圈的电商；顺应女性用户中“晚购族”和“床购族”的需求，开设晚 8 点移动特卖专场等。

在充分了解用户需求后，唯品会由奢侈品销售转向了服装尾货销售，并由此积累了大量的用户基础。此后，唯品会开始进行品类扩张，大量增加新品与专供品的比例。可以说，唯品会依靠代售品牌尾货起家，从与大品牌合作发展到与本土品牌合作，从尾货折扣发展到新品上市的首发模式，唯品会一直致力于打造最完善的购物流程和最优质的用户体验。

在保证产品本身足够时尚、产品品牌足够有名的同时，唯品会还极大地降低了产品的客单价，强大的买手团队和“特卖”模式也加深了唯品会与女性用户之间的联系，增强了唯品会的产品掌控力。在多种因素的综合作用下，唯品会一举成为国内最大的品牌折扣网站，多次入围“年度最具价值中国品牌 100 强”名单。

在完成“以产品为导向”到“以用户为导向”的转变后，用户对产品的信赖度及认可度都将获得显著的提升，我们就可以有针对性地实施运营策略，提升用户的复购率，为公司创造更多的盈利机会。

7.1.2 波士顿矩阵优化产品布局

产品布局是创新企业产品路径的前提。在对产品布局进行优化后，我们就可以更好地满足用户需求，更有针对性地实施运营策略，从而形成产业生态圈，利用最小的成本挖掘最大的用户价值。

波士顿矩阵又叫四象限分析法，由著名管理学家布鲁斯·亨德森设计。它将销售增长率和相对市场占有率看作决定产品结构的重要因素，并以此为基础判断产品的类型及发展前景，如图 7-1 所示。

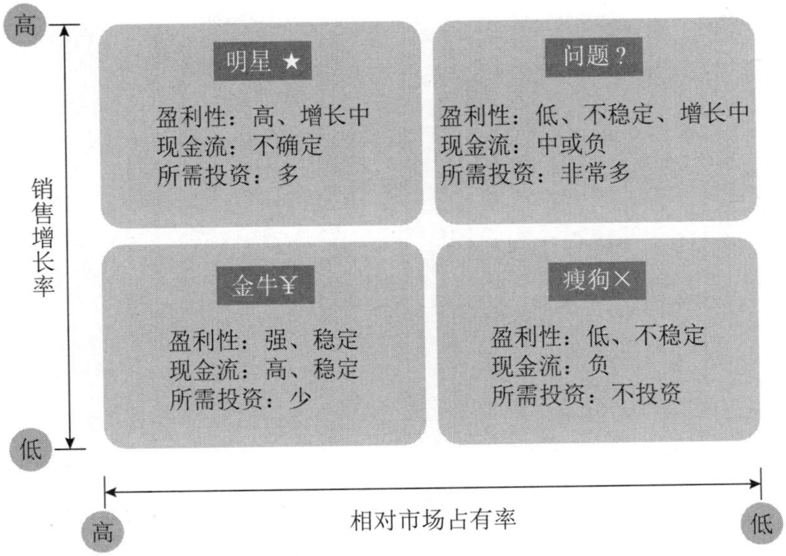

图 7-1　波士顿矩阵

波士顿矩阵的4个象限分别对应4种产品，即明星产品、金牛产品、问题产品和瘦狗产品。其中，明星产品的销售增长率和相对市场占有率较高，值得重点关注，并推动其发展为金牛产品；问题产品的销售增长率高而相对市场占有率低，我们需要重新规划这些产品的销售策略；金牛产品是企业的主要盈利来源；瘦狗产品需要我们战略性放弃。

A 企业主要经营奶糖、咖啡糖、话梅糖、水果糖四种产品，其产品的年销售情况如表 7-1 所示。

表 7-1　A 企业销售情况

产品	销售增长率	相对市场占有率	产品	销售增长率	相对市场占有率
奶糖	较高	较高	话梅糖	较高	较低
咖啡糖	较低	较低	水果糖	较低	较高

我们可以利用这些数据建立波士顿矩阵，这些产品在矩阵中的位置可以帮助我们检验目前的产品布局是否合理，如何对这些产品进行中长期的规划，实现产品战略布局的优化，如图 7-2 所示。

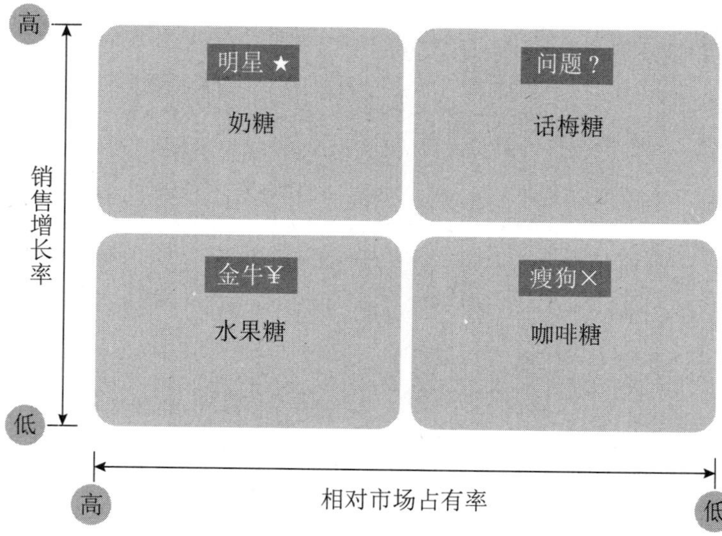

图 7-2 A 企业波士顿矩阵

在成功构建波士顿矩阵后，我们就可以有针对性地进行产品规划，提升资金的使用效率，为企业创造更大的盈利。企业最理想的经营状态是没有瘦狗产品，金牛产品和明星产品占相对大的份额，同时存在大量的问题产品为企业的后续发展做准备。

因此，对于咖啡糖，A 企业应该进行全面的财务分析，确定亏损无法避免后将其淘汰。对于话梅糖，A 企业应该思考如何提高其市场占有率，使其转变为明星产品。对于奶糖，A 企业应该在保持竞争优势的前提下使其转变为金牛产品。同时，A 企业的问题产品只有话梅糖，这并不利于企业的长期发展，A 企业还应该尽快研发新产品，提升产品的迭代速度。

波士顿矩阵可以帮助企业的管理人员以前瞻性的眼光看待产品，增强他们的决策能力，使他们能够及时对企业的产品布局进行调整，这对产品营销策略的制定具有较强的指导作用。值得注意的是，在实际操作中，产品的销售情况并不能完全由销售增长率和市场占有率表示。因此，我们也应该将波士顿矩阵与其他分析法相结合，从而实现产品布局的最优化。

7.2 生产模式的变革

数字化让以往大批量、规模化的生产模式逐渐被淘汰，取而代之的是个性化、智能化的生产模式。企业的生产制造也因此更有效率，更得用户的信任。

7.2.1 3 大新生产模式

现在正处于数字经济时代，对企业来说，数字化转型不仅是信息革命的要求，也是自身应该努力达成的目标。如今，以大数据、人工智能、5G 为代表的技术正在重组企业的生产模式，带领企业走向更加光明的未来。

传统生产模式的显著特点是大批量、标准化、规模化，而新生产模式则倾向于定制化、个性化、数字化、智能化。吉利汽车积极进行数字化转型，引进新生产模式，取得了亮眼成绩。其采用的新生产模式有以下 3 大种。

1. 通过外部合作，实现数字化生产

阿里云在发布 ET 工业大脑时提出要让生产线上的机器都变得自动化、智能化。此后，ET 工业大脑不断适应技术与时代的进步，在多个方面开展工作，包括生产工艺改良、生产流程制造的数据化控制、设备故障预测、生产线的升级换代等。

如今，云计算、人工智能等技术越来越多地应用于产品生产。企业可以借助这些技术更精准地把握市场，降低研发成本。吉利汽车充分利用技术，通过优化生产流程促进生产效率的提升。此外，吉利汽车还借助5G改革生产网络，为工作人员配备5G智能设备。

为了打造更受用户喜爱的个性化产品，为用户提供更优质的服务，吉利汽车与阿里云在供应链、车联网、用户管理等领域达成合作。在各种技术的助力下，吉利汽车致力于让自己变身为以“创新、转型、协同”为特点的新型汽车企业。

2. 业务数据在线化、在线业务数据化

吉利汽车通过一系列活动获取了很多用户资料，这不仅加深了其与用户之间的联系，也为其制定下一步发展战略提供了科学依据。与此同时，吉利汽车还实施了数字化运营，以达到实时获取动态信息的目的。吉利汽车通过实现从订单到运输的紧密融合，取得了业务数据在线化、在线业务数据化等重大突破，其业务分析效率也因此得到了很大提升。

3. 实现真正意义上的“新生产”

用户在选购汽车等大型产品时会更重视安全性和售后服务质量，这些都需要用户亲自体验。无论线上购车的照片多么全面、资料多么丰富、售后保险多么详细，用户也还是无法真切感受到汽车的驾驶体验，很难放心购买。为了打消用户的疑虑，获得用户的信任，吉利汽车在打造品牌口碑上不遗余力，一直在积极探索新策略。

当然，要想获得用户的认可，最重要的还是“用产品说话”。吉利汽车的汽车质量保障来源于无数次测试，其中最具代表性的就是模拟仿真测试——借助计算机辅助工程软件对汽车的驾驶情况进行模拟

测试。吉利汽车通过多次测试为每位用户带去更舒适的驾驶体验，给予其更安全、可靠的保障。

企业在进行数字化转型时可以学习、借鉴一些知名企业的做法。但需要注意的是，直接照搬照抄是不正确的，企业必须结合自身的实际情况制定相应的策略，这样才能够克服重重障碍，获得跨越式发展和进步。

7.2.2 普通工厂→未来工厂

如今，我国的制造行业开始向网络化、智能化的方向发展，普通的工厂也逐渐走向智能化、高端化，成为企业实现生产力数字化转型的核心引擎。为进一步加快数字技术与制造行业的融合，浙江召开了首届“未来工厂”发布会。

老板电器与杭州移动合作，将5G、人工智能等数字化技术进行了创新，并将其应用于协同制造、共享制造等新型的智能制造模式中，实现了工厂的智慧管理，并因此获得了“未来工厂”的首批认证。

这次合作让老板电器在获得高速率的传输带宽的同时，也保证了生产工艺等数据资料的传输安全。这是老板电器进行数字化转型的原始动力。如今，其“无人工厂”已经实现了5G网络的全覆盖。杭州移动以现有的局域组网模式为基础，为老板电器定制了工厂专网，极大地提升了工厂内部生产数据传输、存储的安全性。此外，老板电器还在各车间门口部署了AR摄像头和门禁，并通过这种方式对进入无人区域的工作人员进行识别与监控。

杭州移动的负责人表示：“5G网络就像毛细血管一样在工厂实现全覆盖，这样散落在各个角落的现场设备通过5G网络汇聚到工厂本地边缘服务器快速进行运算、分析，然后传输到平台上，数据稳定性较Wi-Fi相比从75%提升到了100%，对工厂内16条生产线业务及32个上下料点进行实时监控毫无压力。”

工厂二楼设置了工业互联网平台，管理人员可以通过这个平台实时获得现场的监控数据和设备的运行参数，并对这些生产数据进行可视化管理，实现从原料加工到产品入库的全流程调度。不仅如此，该平台还支持产品的自主流转和风险预警，全面提升了各生产线协同生产的可执行性。

这也在一定程度上减轻了管理人员的工作压力。老板电器的管理人员表示：“以往都要靠人工巡检才能发现问题，而且还不能确保百分百发现，但现在，一旦有某个流程偏离了标准工艺，后台就会直接报警，非常智能。”

为检测那些在生产流程中未出现错误，但产品外观存在瑕疵的部件，老板电器引入了“动态上行容量增强技术”，这项技术使生产设备的上行速率提升了400%，在现场测试时，速率峰值达到了581Mbps。老板电器将这项技术应用于每一个检测点，对产品进行不间断检测，解决了人工辨别误差大、检测效率低等问题，使不良品的生产率降低了60.5%。

数字化技术加速了制造行业实现智能化升级的进程，使得老板电器完成了从“普通工厂”到“未来工厂”的蜕变。老板电器的快速发展，也将形成示范效应，带动整个制造行业的发展。

7.3 无人工厂：生产数字化的产物

无人工厂又名全自动化工厂，指的是全部生产工作由计算机控制，生产第一线由机器人完成工作而无需人工的工厂。这种工厂是数字化时代的产物，它能极大地提高生产的效率和安全性，为公司节省人力成本。

7.3.1 云系统控制下的智能工厂

云系统又称云 OS、云计算操作系统，主要由云计算和云存储两部分组成。云计算通过数据中心设置大量计算机服务器群，通过网络传输的方式为客户提供差异化应用；云存储通过对客户的信息进行跨区存储，以达到节省本地存储资源的目的。

京沪高铁线上有一道独特的工业风景线，那就是徐工，它是云系统应用的代表性企业，为我们揭开了云系统的神秘面纱。

徐工占地面积约 17 万平方米，如此大的智能基地仅有 500 名工人负责操作，90% 的工作都是由机器人（如焊接机器人、切割机器人和涂装机器人等）完成的。通常，我们认为机器人是没有思想、行动迟缓的，而徐工的机器人却十分灵活，效率很高。

徐工的机器人可以做到在生产线上自行走动，而不触碰其他物品。它背着大大的铲斗，铲斗上放着需要焊接的物品，通过固定的指令将物品运送到焊接台上。在焊接台上，其他类型的机器人按部就班地进行着某一工序的工作。这些机器人力量很大，能够将要生产的产品 360 度翻转，并进行全方位的焊接。这在传统的生产车间是难以想象的，因为工人并没有那么大的力量，而使用机械方法不仅非常笨重，还容易出现焊接不牢固的问题。

由于对机器人进行了精细的分工，产品的生产过程可以一气呵成，而且不需要操作员去指挥。此外，因为生产过程早就已经被记录在系统中，系统能够根据进度不断下达指令，所以几乎不需要人工参与，机器人只需要按照收到的指令完成相应的工作就可以。

徐工的独到之处，还不止于此。徐工设立了云车间，里面有一个调度系统，管理着所有的数控单体设备和集群设备。例如，当一台车床加工完成后，会自动向调度系统发送信息，调度系统收到信息后，会安排轨道把产品送到下一个工序，上一个工序也会通过轨道把产品送到车床上。另外，关于此产品的所有工序都会被记录下来，包括在哪一台车床上、在什么时间、完成了什么任务等。

在云车间的助力下，工人成为质检员，主要职责是对所有的产品进行质量检测。在这里，每个工人都有一个智能终端系统，此系统会显示今天需要完成的任务、生产线上的整体任务等。工人根据调度系统发布的指令去现场检测产品，以判断产品是否合格。

云车间里的机器也充满了互联网“脑细胞”，这些机器上会有GPS定位系统、GPRS无线通信系统和数据库自动识别系统等，将其组合在一起就构成了一个感知系统。以往徐工用来服务的机器出现状况时，必须将照片、视频发给工程师进行初步分析，整个过程会频繁地进行信息核对。而现在就不需要，因为机器上贴了条码，只需要轻轻一扫，机器的所有重要信息都会显示出来，如客户信息、服务商信息、零部件的研发与生产信息等。

对徐工来说，维修方案的制定也十分快捷，基本就是瞬间自动完成。当远程诊断和后台知识库无法排除故障时，千里之外的客户服务中心会通过GPS、手机定位找到离故障设备最近的服务车和服务人员，并通过地图导航带领服务人员第一时间赶到故障地点排除故障，真正实现由原来的被动维修变为主动检修。

现在是一个拼效率、讲质量的时代，制造企业都想用最低的成本生产满足市场需求的产品，这是无法回避的问题。云系统引领下的智能工厂力求无人化生产，减少人为干预，实现高度自动化。同时，让机器人负责繁重的体力劳动，改善工作流程，也是工业互联网要达到的最理想状态。

7.3.2　产销一体化的犀牛工厂

2020 年 9 月 16 日，犀牛工厂的神秘面纱终于被揭开。犀牛工厂是阿里巴巴集团保密了整整 3 年的新型“智造工厂”，它与盒马鲜生师出同门，以服装制造行业作为切入点，是阿里五新战略的重要组成部分。

犀牛工厂的董事长蒋凡在致辞中表示：“犀牛智造平台希望把数字洞察应用在制造环节中，实现真正的产销一体化，帮助中小商家解决生产供应链中的一系列痛点。我们希望真正可以实现数据驱动，将消费者洞察、行业洞察与生产环节紧密相连，实现更聪明的生产排期、弹性生产。”

通常情况下，中小型企业在关注用户反馈的同时，还要关注自身的供应链情况，这一点在服装行业尤其明显。因为服装行业拥有超 3 万亿元的市场规模，但容易受到时尚潮流和季节的影响，供需关系常年处于不平衡的状态。

大品牌的现金流更充裕，制造能力和抵御风险的能力也更强，可以更好地消化滞销产品。中小型企业通常需要依靠新颖的设计和反应速度吸引用户，但由于订单量较小，很难获得制造商的优先排期，它们需要面对的竞争压力也更大。

犀牛工厂首次创造了数字印花技术，即利用投影技术进行定位，极大地提升了印花效率。这项技术也帮助犀牛工厂将行业平均水平的订货流程由“1000 件起订，15 天交付”缩短为“100 件起订，7 天交付”，帮助中小型企业解决了供应链的问题。CEO 伍学刚表示，犀牛工厂致力于将中小型企业从繁重的生产制造中解放出来，增强其竞争优势，使它们可以专注于业务创新。

当然，阿里巴巴集团想要进军制造业还有很长的路要走，因为每个行业中都存在天然的矛盾点。以制造业为例，降低生产成本与满足用户需求之间的矛盾很难调和。因为规模化生产是最好的降低生产成本、提升资源利用率的方式，但用户的需求在快速变化，要想满足用户需求，就需要我们进行小规模的差异化生产，这势必会提升生产成本。

从这个角度出发，犀牛工程与盒马鲜生十分类似，都是致力于解决那些传统行业中的难题，应用了五新战略改造产业的内在逻辑。我们相信，阿里巴巴集团可以凭借自身实力树立行业标杆，从而吸引更多的资源，最终形成具有强烈数字化特征的产业平台。

第 8 章

新零售数字化：让交易不再普通

数字化让传统零售向新零售过渡。企业因此建立了更灵活的供应链，使用户交易变得更便捷、更智能，整个行业的效率显著提高。

8.1 新零售离不开产品与用户

产品与用户是零售行业的两个必要因素，新零售也不例外。数字化管理消除了产品滞销的隐患，而人工智能等技术则提升了用户体验，使整个零售行业完成了升级。

8.1.1 产品数字化：通过交易数据化解压货风险

科学技术的迅猛发展同样促进了工业生产的发展，但随着工业自动化的产品越来越多，销售难度也越来越大，越来越多的产品出现了滞销的情况。许多企业的仓库设计并不够合理，无法精准地识别并找出滞销产品。当建立一站式仓库管理系统后，这些问题就可以迎刃而解了。我们可以轻松找到滞销产品，并合理、高效地对其进行处理。

首先，确立仓库管理制度。企业中的任何环节都不能离开制度的约束。仓库管理的事务繁杂，从每一件产品的布局，到每种产品的订购，只有每一项事务都有相应的制度作为参考标准，才能使仓库管理更加有条不紊，进而保障管理效果。

其次，加快仓库的数字化进程。目前，几乎所有企业都拥有了实现互联网接入的能力，但真正将这项技术加以应用的只有 44.2%，大多数企业仍然利用人工进行操作。因此，我们应该引进或研发仓库管理系统，增强库存控制的意识，重视库存成本，全面推动企业及仓库的数字化进程。

最后，制定仓库管理方案。实际上，仓库杂乱是由于我们没有重视对仓库的管理，不知道哪些产品应该多进货，产品出现问题后应该如何处理。因此，我们需要对目前的仓库管理系统进行优化，增强检索能力，并设置能力模块，将货物信息详细记录在管理系统中。这样我们就可以实时了解产品情况，从而促进资源的合理分配。

有了仓库管理系统后，我们可以精准掌握产品的变动情况，从而快速找到滞销产品，并有针对性地对滞销进行处理。这样可以极大地降低人工成本和时间成本，我们也可以将经营重心从滞销产品的寻找转移到畅销产品的运营上，进一步扩大企业的经营优势。

8.1.2 无人零售：提升消费者购物体验

现在是数字化时代，依托技术的无人零售是企业应该关注的重点。例如，罗森和松下电器合作，共同推出了全自动收银机，引进这个智能设备，再加上智能购物篮的助力，罗森就可以为消费者提供自助结账服务，其具体操作方式如下。

（1）每个智能购物篮中都有一个扫描器，每件产品上都贴了可供消费者扫描的 RFID 电子标签。

（2）消费者将自己想购买的产品放到智能购物篮中（需要先对产品进行扫描），智能购物篮会将产品信息（如价格、数量、规格等）记录下来。

（3）罗森的全自动收银机上有一个狭槽，消费者只要把智能购物篮放进这个狭槽中，产品总价就会在结账屏上显示出来。然后，消费者就可以选择现金或信用卡等方式进行付款。

（4）消费者只要完成付款，智能购物篮底部就会自动打开，产品会跌落到已经准备好的购物袋中并自动升起。此时，消费者就可以取走自己购买的产品。

全自动收银机和智能购物篮具备一定的无人零售属性，这是罗森实现数字化转型的强大动力。除了推出全自动收银台和智能购物篮以外，罗森还推出了夜间无人值守结账服务，这项服务是缓解日本劳动力压力的有效方法。

现在这项服务已经正式投入使用，从夜间 12 点到凌晨 5 点都可以让消费者享受。消费者只要在手机上安装一个应用程序就可以在罗森进行自助购物。这样消费者在结账时就不需要排队，罗森也不需要在夜间安排工作人员值班。

与罗森相同，亚马逊也在无人零售领域积极布局，推出无人实体商店 Amazon Go。亚马逊采用了计算机视觉、深度学习、传感器融合等技术，省去了传统柜台收银结账的烦琐过程。在 Amazon Go，消费者只需要下载亚马逊购物 App，在商店入口扫码成功后就可以进入商店购物。当消费者离开商店后，系统会自动根据消费情况在其个人的亚马逊账户上结账收费。

当然，不只是国外的罗森和亚马逊，我国的很多企业也推出了无人商店。例如，Take GO 就取得了不错的业绩。该无人商店外部装有扫描屏幕，消费者在注册并登录软件后扫码进门，消费者进门后会有摄像头检测其是否购买产品。和 Amazon Go 相似的是，如果消费者把产品带出商店，其手机上便会收到账单详情和结账提醒。

在零售转型方面，罗森、亚马逊、Take GO 表现出色。在这些企业的带领下，7-11、全家等企业也相继引入智能收银系统或自助结账柜台。可见，零售领域已经迎来自动化和智能化浪潮，这个浪潮将会推动传统行业升级。

8.1.3 小米为什么总能出“爆款”

如今，互联网巨头基本有自己的营销模式，但小米则与众不同。小米主要通过硬件获客，将获客成本大大降低。在数字化时代，其优势已经显现出来。小米打造“智能生态营销”体系，涉及智能电视、智能音箱等产品，致力于将技术融入用户的生活，如图 8-1 所示。

图 8-1 小米的“智能生态营销”体系

小米还将标签、算法、数据应用到了极致。例如，在用户允许的情况下，很多提醒和通知都会出现在小米手机上，包括肯德基的早餐提醒、麦当劳的新品上市通知等。通过“智能生态营销”体系内用户产生的数据，小米可以将用户行为变成标签，然后再根据标签向用户推荐广告，实现广告与场景的深度融合。

在投放广告时，小米会对用户的浏览行为和相关信息进行采集，并通过各种维度的标签将用户分类。这样小米就可以根据平台的受众选择将广告投放到哪个平台上。随着 5G、大数据等技术的发展，小米将拥有更多维度的标签，这使其在信息获取方面具有很大优势。

小米利用智能设备捕捉用户的眼神、肢体动作、面部表情等，并通过算法对这些之前没有用处的信息进行分析，使营销更精准、更有效，从而推出更多“爆款”。对小米来说，智能设备和技术使其产品、品牌在整个生态中大范围曝光。

小米的营销策略虽然花样百出，但核心只有一个，那就是用户体验。小米致力于将用户体验做到最好，这使其“智能生态营销”体系变得越来越成熟，信息获取方式也得以创新。在技术的助力下，小米不仅拥有系统级别、软硬件兼顾的基础数据，还能通过线上数据分析与线下调研反馈进一步挖掘用户的心智数据。

当基础数据与心智数据融合在一起后，一个亿万量级的“工程”正式形成。小米通过算法之间的相互关联打造出一条全场景关系链。在数字化时代，小米借助“智能生态营销”体系和全场景关系链，利用标签和算法融合取得了巨大成功。

8.2 重组供应链：灵活的动态网络

数字化转型已经成为各行各业发展的必然趋势。如今，企业的供应链现状不容乐观，亟须进行转型升级，而数字化刚好是实现转型的契机。

8.2.1 柔性供应链模式 PK 前置仓模式

在过去，各个仓库由不同的负责人管理，仓库之间互相独立，加大了企业库存管理的难度。通常情况下，企业都会大量增加库存，防止影响产品销量。但由于数据不共通，企业难以实现产品的合理调度，最终导致无用库存占用企业大量的资金，使企业出现盈利亏损。

因为对于企业而言，产品可以对其行业地位产生直接影响，产品的销售情况会受到天气、价格、营销等多种因素的影响，产品的库存出现差池就等于为竞争对手提供了一个抢占市场的机会。如果建立补货模型，实现智能补货，就可以很好地解决这个问题，迅速拉开企业与其他竞争对手之间的差距。

利用补货模型实现智能补货其实就是利用大数据、人工智能等互联网技术帮助门店制定补货策略，具体步骤如下。

第一步，收集库存数据

掌握数据，便能更好地进行管理。应该将各个仓库的库存数据统一记录在补货模型中，这样更方便管理人员进行调取。同时还要对产品库存的变更情况进行实时更新，为每个对产品销量产生重大影响的因素建立专门的数据库。掌握的数据越多，建立的补货模型也就越精准。

第二步，考察整条供应链

在将产品的库存信息进行整合后，还需要对整条供应链进行全面考察，了解从订单产生、供应商响应，到产品送达的全过程，从而实现供货路径的最简化，实现联合补货，进一步提升自身的库存管理水平。

第三步，搭建模型框架

我们需要将上述信息进行梳理，并对数据进行分类处理，找出它们之间隐含的逻辑结构，再向其中填充内容，智能补货模型的基础框架也就搭建完成了。同时，我们还需要针对每一次产品销量出现明显波动的情况进行分析，并制定相应的解决方案。

第四步，完善补货模型

首次搭建的补货模型势必会存在数据偏差，因此我们还要对其进行完善，验证模型中是否缺失关键步骤，是否存在不适用的场景，将框架完善成为完整的补货模型并正式投入使用，在使用过程中实现优化和升级。

通过这种方式建立的补货模型可以有针对性地解决产品的库存问题，提高企业的资金周转率，有效降低产品的无用库存。

实际上，补货的过程也是将供应链的上下游各环节进行连接的过程，补货模型的建立可以帮助我们精准掌握门店的库存情况，从而对产品的销售情况进行合理预测，使产品产量完美匹配市场需求。

8.2.2 新型运输网络推动供应链数字化转型

随着消费关系的变化，企业经营模式的增长方式从推动式转变为拉动式。原本企业的服务主体为经销商，生产订单的获取频率较低，但单次订单的数量较大，产品的运输环节也较为稳定。

而如今，企业的服务主体变为用户本身，在生产订单的获取频率提升的同时，单次的订单数量骤减，渠道也越来越多元化，原本的产品运输网络逐渐与需求脱节。在这种情况下，势必需要有灵活多变的动态运输网络与之对应，如图 8-2 所示。

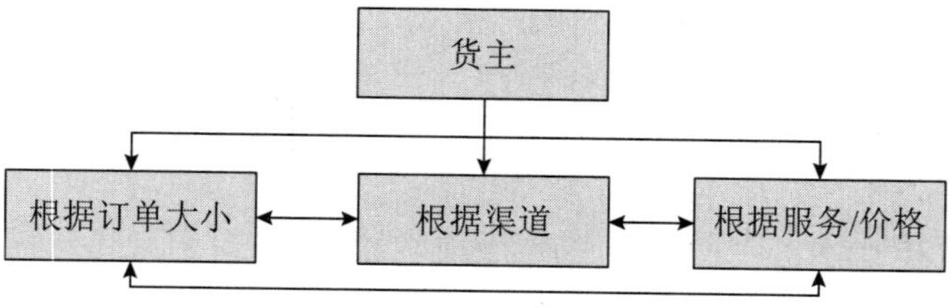

图 8-2 动态运输网络

信息与身份的双重透明，是实现动态运输网络的前提。其中，信息透明是企业最基本的诉求，即企业可以通过网页端、移动端实时获取任意物流信息。信息透明可以增强对承运商的约束力，使物流运输的执行过程更灵活、更高效。身份透明也是企业基础诉求的升级，即企业可以清晰地了解全链条中的各个环节及其负责人。这样使得各环节的职责更清晰，简化了后期的账务对接工作。

与此同时，这种动态运输网络也会加强企业间的协同能力。在移动互联成为物流行业发展的核心引擎后，各个物流企业也逐渐连接成错综复杂的物流网络，极大地提升了物流运输的效率，使规模化的跨组织协同成为可能。

物流信息化、流程数字化是打造动态运输网络的基础。物联网、云计算、区块链等先进的互联网技术都将成为驱动物流新模式的重要工具。这种灵活多变的动态运输网络也可以进一步推动供应链的数字化转型。

8.2.3 如何打造数字化供应链

企业间的收购活动，不仅能够提高生产效率、降低生产成本，还可以打通生态链，快速产生规模效应，实现转型升级。一些规模比较大的公司在收购小型公司后，也能够有效提升自身的生产能力，拓宽原有的营销渠道，同时也可以得到相应的商标效应，从而使双方实现协同发展。

在将上下游企业打通后，我们就有机会对上下游的资源进行系统的梳理，将优质的要素资源进行聚合，打破信息壁垒，促使产业链上下游的深度融合，从而形成一体化的产业链生态闭环。

原特步副总裁肖利华致力于打造一条动态平衡的供应链，实现从设计研发、原料采购到生产营销、物流仓储的全面生态闭环。特步将自身的面料供应商、产品零件加工厂与其他高端品牌的供应链进行了整合，并通过数字化技术实现了供应环节的全程可视化。每个生产环节都清晰透明，系统还会对潜在风险进行分析预测，并及时预警。当出现畅销产品后，这条动态的供应链就会立即响应，并快速扩大产量，实现产品补充。

思科致力于为互联网科技提供网络解决方案，我们可以将它看作以互联网为基础的虚拟供应链。思科完成的100笔订单中，有90笔订单是通过网站在线完成由询价、下单、确认库存到生产、运输、交货、支付的全过程。

思科利用庞大的数据库构建出完整的合作伙伴视图。合作伙伴登录后，网站就会自动确认企业的类别及归属地，并为其提供适合的模式和产品，这也极大地提升了思科与其分销商的协作效率。不仅如此，为了能随时随地了解订单的货运状态，思科还建立了物流系统的互联网络，通过虚拟视图与各个物流环节进行连接，在最大限度上提升了企业内部及与合作伙伴之间的协作效率。

正是这种供应链管理战略，帮助思科提升了组织管理的效率，使其可以在世界范围内实现资源的最优配置及有效整合。打通上下游企业后，就可以快速形成产业链闭环，从而减少生产型企业的生产浪费，帮助销售型企业摆脱以产品产量为导向的销售模式，加快资金的周转速度，进一步提升整个行业的运作效率。

8.3 多元化的渠道建设

随着经济社会的发展，各种新型零售渠道层出不穷，如内容、短视频、直播等。在当前实体店逐渐式微的背景下，企业应利用数字化转型的契机，拓展新的零售渠道，早日实现全渠道营销。

8.3.1 反应快、碎片化的前端渠道

随着电商渗透率的不断提升，与用户直接接触的前端渠道，反馈触达效率不断提升，同时也越来越碎片化。微博就是这样一种渠道。随着使用人数的不断增加，微博的影响力越来越大，无数企业开始利用微博进行品牌宣传。

拼多多充分利用了微博反应快、碎片化的特性，使自身品牌得到了快速广泛的传播。在建立初期，拼多多在微博宣传上投入了大量资金。那句“一亿人都在用的购物App”宣传语使得拼多多在微博上迅速走红，成为国内主流的购物软件之一。

2018年3月，微博与尼尔森联合发布了《微博营销品牌影响白皮书》，即通过尼尔森DBE（Digital Brand Effectiveness）衡量体系直观地展示微博的推广效果，结果显示，传统行业与新兴行业均能在微博上取得较好的品牌宣传效果。那么，我们应该如何借助微博进行品牌传播呢？

1. 争议性内容

在进行品牌传播时，过于死板的解说已经无法引起大众的关注，我们应该对宣传的内容进行相应的设计。选用争议性内容可以更有效地调动用户的好奇心及积极性，吸引更多的用户参与其中，从而获得更好的品牌宣传效果。

2. 巧妙的广告

在微博上做广告宣传是有技术要求的，如果一开始时就直接声明这是广告，可能立马就会被用户无视。因此，我们可以通过故事性强的内容激发用户兴趣。轻松诙谐的口吻、精练的文字、巧妙的广告插入，

不仅不会被用户反感，反而可能会让用户会心一笑。

3. 合适的方式

合适的方式主要是指广告投放的地域与时机。我们在投放广告时，要尽量选择用户浏览微博的高峰时间段。因为微博平台本身具有热门及头条推荐机制，我们也可以充分利用这种推荐机制，增加品牌的曝光度，从而获得更好的品牌宣传效果。

4. 了解消费者

我们在进行品牌宣传时，还要注重收集用户的偏好及使用反馈。如果我们可以及时解决用户遇到的问题，及时满足用户的需求，就能提升用户满意度，获得更多用户的支持与信赖，全面提升品牌的宣传效果。

在某种意义上，进行品牌宣传也是为品牌代言的过程。微博这种反应快、碎片化的前端渠道可以直接与用户进行连接，精准快速地实现用户转化。

8.3.2 种草、拔草的内容渠道

除了微博这种碎片化的前端渠道，我们还可以使用微信公众号、知乎等内容渠道实现精准触达。同时，这种内容渠道兼具私密性与社交性，利用这种渠道进行品牌宣传会增强宣传内容的可信度和说服力，从而获得更好的宣传效果。

随着内容经济的兴起，大批的知识型平台涌现出来，用户们可以在上面发布自己的经验、对问题的看法，这种内容渠道也受到了越来越多年轻人的喜爱。这种内容渠道也能为企业吸引到素质更高的用户，为企业创造更大的价值。

在新媒体时代，对比有自己微信公众号且运营很好的企业，没有自己公众号的企业在发展时会略显不足。如今，微信被广泛应用于聊天、了解资讯及其他许多休闲娱乐场景，打造企业品牌微信公众号并且定期对产品信息进行更新，也能有效扩大品牌的影响范围。

不管是自有微信公众号还是利用优质公众号来进行品牌宣传，都需要企业对相关的内容尽可能多地进行转发、传播，从而达到宣传品牌的目的，如果两种方式同时进行，作用效果也会更好。在进行宣传的过程中，企业可以结合渠道的特点，创作贴合度更高的内容，设计普适性更强的环节，以便潜移默化地吸引用户关注度，影响用户心智。

使用知乎的用户大多数都是在大城市中拥有较高文化素养的年轻人。我们可以以此为战略基点，抓住年轻人感兴趣的话题，更有针对性地进行品牌宣传。在宣传的过程中，除了介绍产品优点与独特之处，还要着重宣传企业的核心理念，从理念、情感、价值观三方面与用户产生共鸣，从而实现用户对产品的“种草”与“拔草”，用内容征服用户。

以下几个步骤可以帮助我们充分利用知识型平台的优势，如图 8-3 所示。

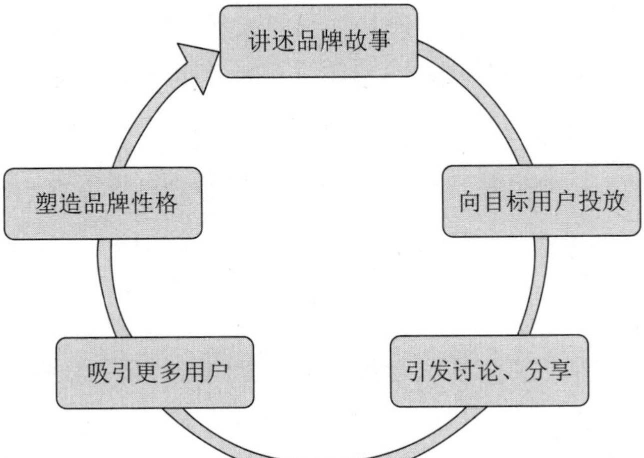

图 8-3　知识型平台品牌宣传步骤

在实际的操作过程中，我们要将这5个步骤形成一个闭环，循序渐进，不断地为品牌宣传助力。当然，如果我们可以结合目标人群的特点对企业的核心理念进行宣传，就能获得更好的宣传效果。

微信公众号、知乎等内容渠道可以帮助我们更精准地吸引目标人群，我们也可以针对目标人群的需求和特点打造其感兴趣的内容，从而建立起自己的品牌特点与优势。

8.3.3 短视频、直播成为新兴销售渠道

在新媒体时代，企业在进行品牌宣传时最怕的就是跟不上时代发展的势头。如今，短视频成为当下最受欢迎的休闲娱乐方式之一，直播也成为非常火爆的宣传渠道。我们在进行品牌宣传时也要抓住直播这股浪潮，全面拓宽产品销售规模，为品牌积攒人气。

“密子君”是吃播界最有名的女主播之一。她在直播中会对食物的美味程度作出评价，不少直播观众都会慕名前去品尝她推荐的食物，从而带动餐厅整体营业额的增长。

随着直播行业的快速发展，“带货主播”应运而生，他们会在直播过程中进行产品宣传，让企业能够在短时间内获得极高的曝光度，快速提升产品销量。如果我们能够充分发挥他们的助力作用，便能够使产品精准、快速地触及用户，获得事半功倍的宣传效果。

既然直播平台在为企业进行品牌宣传时起到如此重要的作用，那么企业又应该如何利用直播平台来进行品牌传播呢？

首先，前期规划。在进行直播前，我们要选择直播推广的产品，在对其主要卖点、适用人群等基本属性进行梳理后，初步确定直播平台、主播、直播开始及持续时间、直播整体流程等，并对产品的销量进行

初步预测。其中，带货主播主要分为 4 类，即明星、网红、业内权威人士及公司内部成员。由于每类主播的宣传重点不同，他们吸引到的用户类型也存在差异。只有根据产品的特性选择合适的主播，才能实现效益的最大化。

其次，流程设计。直播场景、主播的介绍语、产品的使用环境等都需要经过策划人员的精心设计，这样才能确保整个直播过程的自然、流畅，从而提升用户的舒适感。同时，还要针对直播过程中可能遇到的各类突发情况制定多份应急备案，防止这些突发事件打乱直播节奏，影响直播的整体效果。

最后，注重反馈。直播只是产品销售的开始，在直播结束后，我们还要充分注重用户的反馈情况，及时解决用户遇到的问题，并对产品和宣传内容进行调整。这样才能获得更多用户的支持与信赖，真正实现用户与品牌的连接，充分发挥直播这个推广渠道的价值。

8.3.4 精准触达用户的泛渠道

单渠道主要依靠实体店存在，在实体经济蓬勃发展时能为企业带来极高的经济效益，随着数字经济的发展，实体店的覆盖面逐渐缩小，其管理成本却在逐渐上升，企业的利润空间遭到严重挤压。

近些年，许多企业在用户覆盖层面都已经触碰到了行业上限，在这种情况下，拓宽渠道的广度和深度成为实现企业可持续发展的关键。那么，我们应该如何建立泛渠道，实现用户的精准触达呢？

第一步，进行资源合作，扩大用户覆盖面。我们可以充分扩展周边行业的渠道资源，扩大用户的覆盖面，增加平台对用户的吸引力。例如，与其他媒介融合，多个渠道联合推广等，通过这种方式最大限度地覆盖目标群体，从而增加企业的曝光度，发挥最好的运营效果。

第二步，进行场景化营销，优化用户消费体验。最高级的营销不露一丝痕迹，会给人一种所听所见十分真实的感觉。我们可以充分挖掘、追踪和分析用户数据，为全渠道打造统一的消费场景，连接用户线上和线下行为，通过与用户的互动沟通，树立品牌形象，提升用户转化率，实现精准营销。

第三步，建立用户管理体系。每位用户的精力都是有限的，正因如此，我们需要建立一个可以不断涌入新鲜血液，沉淀内容的用户管理体系。这样就可以对用户行为数据进行有效分析，尽一切可能延长用户的生命周期，提升用户的留存率，最大限度地发挥用户的商业价值。

第四步，寻找相应KOC（Key Opinion Consumer，关键意见用户）。我们可以利用KOC的人设以及私域流量，实现低成本、高效率的产品营销。从某种程度上来讲，KOC的意见具有影响力和感染力，毫不夸张地说，一个合格的KOC可以对一百个甚至是一千个、一万个普通用户产生影响。因此，寻找KOC的工作十分重要，需要得到我们的重点关注。

在我们成功拓宽用户与产品接触的各个渠道后，就可以满足用户在任意时间、地点的购物需求，从而有针对性地进行营销活动。

第 9 章

营销数字化：解锁爆红的密码

正如营销专家科特勒所说：“市场变得永远比市场营销快。”数字时代，各行各业都面临着严峻的考验。原有的行业格局被打破，各企业迎来了一次重新“洗牌”的机会，如果企业可以抓住机会，实现营销的数字化转型，就可以充分利用转型优势，持续释放新动能，占据行业优势地位。

9.1 不断变革的用户洞察

在数字化时代，企业洞察用户的能力得到了进一步提高，数据的价值也因此被进一步挖掘出来。随着企业对用户更加了解，企业营销变得更加精准化、有针对性。

9.1.1 大数据让用户分析更精准

近些年来，许多互联网技术都实现了商业化应用，制造业的差异也被各类高新技术抹平。在这种情况下，用户之间的个体差异得到凸显。如果可以精准地识别用户身份，为用户提供个性化服务，就可以有效提升用户的转化率与活跃度，更好地实现盈利。

在大数据时代，用户数据的价值不在于数量，而在于有效性和处理效率。一家拥有更多有效数据的企业，也将拥有更强的经营和发展优势。如何对产品及用户数据进行挖掘、整合、分析，已经成为企业进行战略布局的重要课题。我们可以从以下几方面着手，对用户数据进行分析整合，从而精准识别用户身份，提供极致服务。

1. 有目的地收集数据

有目的地收集数据，可以确保数据分析结果有较强的针对性与实操性。例如，保险公司在对司机的个人行驶里程、驾驶稳定系数、刹车油门踩动情况等数据进行分析后，就可以得知该司机的驾驶习惯，预估其驾驶风险，确定其车险保费金额。

如果可以在数据诞生的瞬间对其进行识别和筛选，就能够极大地提高后续数据分析的效率。这就要求企业搭建用户数据管理平台，并在其中进行用户数据的导入及初步处理，如剔除重复数据、标记相似数据等。

2. 匹配关联数据

将来自不同渠道的数据进行关联，初步建立可视化的用户视图，这也是整个用户分析过程中很重要的一步。现代人的信息保护意识逐渐觉醒，许多用户在购物时不会留下自己的真实信息，数据匹配也因此变得更加困难。在这种情况下，如果将来自不同渠道的信息按重复字段进行匹配，除工作量极大外，工作效率也极其低下。

目前，使用手机号进行身份认证是每个平台都会提供的服务，因此，我们可以将手机号作为连接纽带，借助它将各渠道的信息关联起来。在找到数据源头后，再利用用户的姓名、电子邮箱、收货地址等附加信息，对原有数据进行补充。

3. 验证用户画像

首次整理出的用户画像存在数据偏差，因此我们还要根据用户的行为偏好进行修正。定向内容评估法是最常用的验证方法，即在建立初步的用户画像后，根据画像结果对用户进行产品推送，通过产品的购买率或复购率判断用户画像是否合理。

此外，由于用户数据具有时效性，我们还要实时进行数据更新，及时提供用户需要的服务，这样才能与用户进行适时、适当的沟通，进而促进用户的转化与回流。同时，企业也需要加强信息安全防护，预防数据泄露。

9.1.2 全触点对接用户

能够传递消息的渠道都可以称为用户入口，如品牌门店、营销广告、App 等，用户的总流量就是由这些入口流量线性叠加得到的。触点即企业与用户通过各种维度、各种形式形成的连接点。由多个触点组合形成的触点网络可以更好地实现企业与用户之间的对接，为用户提供更全面、更优质的产品及服务。

触点可以有效吸引潜在用户的注意力，通过富有创意的营销活动向用户传递品牌的态度及价值观。互联网技术的进步使每个触点都有机会变成入口，这也导致传统的商业模式发生了极大的变革。从入口思维转变为触点思维，充分挖掘业务流程中的重要触点，有针对性地进行营销活动，是企业实现转型升级的核心步骤。

好友推荐、企业官网展示、在线直播、活动物料发布等都可以打造成触点，这些触点会潜移默化地占据用户心智，从而提升其品牌信任感，影响其购买决策。例如，我们可以在活动发放的物料上粘贴二维码，将这些物料打造为新的流量入口。同时，还可以根据物料类型的不同在其中埋入不同的标签，根据用户的需求发放不同的物料，从而有针对性地为企业培养潜在用户。

我们不仅要关注用户购买产品的决策流程，还要关注产品的使用过程，在其中增加服务触点，提前做好扩展销售、交叉销售的准备，让产品深入用户生活，成为其生活的必需品。

产品的销售过程也是企业连接用户的过程，触点思维可以让企业深入了解用户，快速响应用户需求。企业如果可以将入口思维转变为触点思维，就能够实现有温度、有深度的用户对接，进而更有效地影响其购物决策，充分展现全触点营销的价值。

9.2 如何做好营销数字化

在数字化时代，营销不再是单纯地打广告，而是通过分析数据，将内容精准地送到潜在用户手中。数字化营销有多种形式，如移动营销、视频营销等。

9.2.1 先进的移动营销

移动营销即通过移动设备实现与用户的信息交互，从而构建持续、稳定的营销流程。这就要求企业充分考虑用户的移动属性，将用户放在策略的核心点，同时确保营销活动的前瞻性，从而最大限度地提升营销效果，增强用户黏性。

企业可以通过以下 7 个步骤轻松实现移动营销。

1. 建立用户视图

用户可以通过各种渠道实现与企业的交互，如果我们能够建立用户视图，就可以更好地了解用户的转化路径及实际需求，理解渠道脉络。在将渠道信息与用户视图结合后，无论用户使用哪种渠道连接企业，企业都可以为用户提供精准的个性化服务。

2. 拒绝数据孤岛

移动渠道只是众多相互交互的渠道中的一种，其他渠道的信息也会对其产生影响。但许多移动项目的开发人员总会下意识地为程序设置数据壁垒，这也提升了后续的修改、平台移植等工作的难度，造成极大的时间、人力、财力、物力等成本的损失。

3. 自适应式设计

由于移动营销的内容要在各种移动设备上发布，为降低工作量，许多企业都会创建响应式站点，即将各个平台的页面按比例调整，实现内容与用户使用的移动设备完美匹配。由此产生的自适应式设计就可以自动根据屏幕大小调整内容页面，为用户提供最佳阅读体验。

4. 预测行业走势

科技的发展加快了移动设备及平台的更迭速度，每一项热点技术都可以对企业的发展产生巨大的影响。这就要求企业紧盯行业热点，预测行业走势，及时在平台中添加新设备或其他变量，始终走在行业的前沿。

5. 简化工作内容

移动营销要求企业化繁为简，消除工作内容的复杂性。企业不应该为每个问题、每种移动设备提供相互独立的解决方案，而应该将问题进行系统梳理，率先针对某种设备提供完善的、成体系的解决方案，再将其移植到其他设备中，这样不仅可以简化工作内容，还可以极大地提升用户体验。

6. 检验营销效果

每次进行移动营销后都要根据用户的点击情况、用户的互动情况、产品的销售情况等对此次营销效果进行判断。这可以帮助企业了解用户的实际需求及关注重点，为其提供更有针对性的情景服务，进一步完善营销策略。

7. 提升用户体验

优质的用户体验是提升用户品牌忠诚度的关键。企业应该充分发挥用户画像及其分析结果的价值，针对用户的使用习惯、需求及偏好等，进一步提升其使用体验。例如，根据用户偏好定制个性化推荐内容；优化导航和搜索功能，降低用户点击频次；设置一键支付功能，进一步引导用户消费。

这7步可以帮助企业深入了解用户需求，根据用户的使用场景为其提供针对性更强的营销内容，进一步了解用户行为的深层含义，为企业带来更多的商机。

9.2.2 视频内容成为主流

很多企业都通过视频的方式为产品做广告，以取得更好的营销效果。如今，用户对视频的清晰度、流畅度提出了更高的要求，企业如果使用原来的技术很容易让视频出现卡顿的情况，进而影响用户的观看体验。因此，越来越高的带宽开始出现，如图9-1所示。

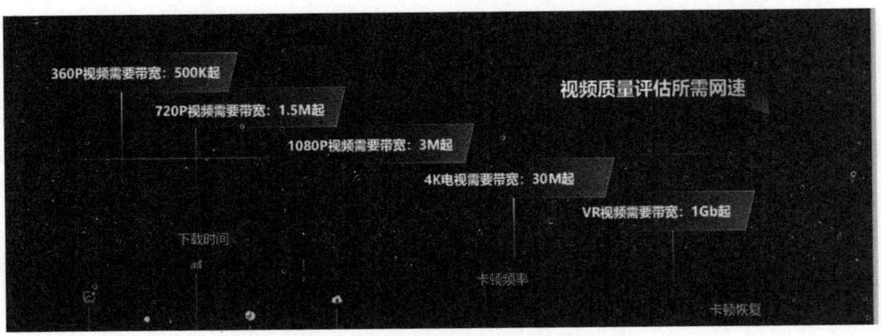

图9-1 不同视频匹配不同带宽

现在受到广泛关注的5G可以解决带宽问题，其具有三大特点：高速率、低延时、海量链接。因为5G的特点，视频类内容和营销的边界会变得模糊，因为视频类内容可能本身就具备营销的能力，而营销的成功也依赖于视频类内容。在数字化时代，营销与视频类内容会不断融合，并开始走向多元化。在视频类内容中，竖屏视频与MG动画会成为主流，对品牌推广和产品宣传产生深刻影响。

1. 竖屏视频

在观看竖屏视频时，用户往往更容易融入企业设定的情景中，参与感更强。此外，竖屏视频的视觉要更聚焦，有利于突出产品的卖点，吸引用户的注意力，从而把产品的优势尽可能深入地传达给用户。对企业来说，这些优势可以带来更多的变化，具体如下。

（1）之前，广告通常以海报的形式出现，而到了如今的数字化时代，宛如海报一般的竖屏视频也可以成为手机上的动态宣传工具。

（2）在竖屏视频中融入一些比较重要的信息，如广告语、产品介绍、售后服务、促销活动等也是一个非常不错的玩法。

（3）企业如果已经把竖屏视频玩透，还可以使用一个全新的思路，即把视频做得像游戏一样，以闯关的形式突出产品的某些优势和特性。

2. MG动画

MG动画可以直接翻译为图形动画，即通过点、线、字将一幅幅画面串联在一起。通常，MG动画会出现在广告MV、现场舞台屏幕等场景中。虽然它只是一个图形动画，但具有很强的艺术性和视觉美感。

不同于角色动画和剧情短片，MG动画是一种全新的表达形式，可以随着内容和音乐同步变化，让观众在很短的时间内清楚企业要展示的东西。5G、人工智能等技术的出现让MG动画变得更流畅，其传播力和表现力也增强了很多。

如今，在产品介绍、项目介绍、品牌推广等方面，MG动画都可以发挥很大的作用，这也使得该形式十分受企业和用户的喜爱。因此，在进行营销的数字化转型时，企业可以找专业人员制作MG动画，以更好地触达用户。

9.2.3 麦当劳的定制模式

国际快餐龙头企业麦当劳于2019年3月宣布收购Dynamic Yield。麦当劳官方没有公布收购价格，但媒体人员根据收购规模推测，此次交易价格应该在3亿美元左右。如果推测结果准确，这将是近20年麦当劳进行的最大规模的收购活动。

Dynamic Yield是一家利用大数据及人工智能技术为用户提供个性化运营决策的科技企业。麦当劳的收购行为，也是为了尽快成为一家数字化的餐饮企业。此次收购完成后，麦当劳在数据领域的核心技术将得到强化，可以根据地理位置、用户偏好、门店流量等信息，为用户提供更贴心的私人定制服务。这种独家定制模式也将大幅提升用户黏性，带动麦当劳营业收入的增长。

早在2018年，麦当劳就开始在线下门店试行这项AI技术用于线下门店，未来还会实现全球近4万家门店的全覆盖。除了线下门店外，麦当劳的App、小程序以及自助服务机都会采用这项技术。有了高新技术的加持，麦当劳的独家定制模式如虎添翼，麦当劳也将更快地与竞争对手拉开差距，进一步提升品牌的市场竞争力。

第 10 章

服务数字化：转化率不断提升

市场调查和反馈分析是企业更上一层楼必不可少的工作。而数字化可以帮助企业更好地分析反馈数据，并建立数字分析系统，让企业服务更加智能。

10.1 服务方式的创新

企业服务以往都需要耗费大量的人工成本，而且不一定能准确满足用户需求。但企业服务的数字化创新了服务方式，让企业能更精准地匹配用户需求，优化自身的服务。

10.1.1 大数据助力精准化服务

在过去，我们通常采用市场调查的方式对市场情况、现状及其发展趋势进行搜集、记录、整理和分析，从而为企业制定更科学、合理的发展策略。

随着科学技术的发展，大数据和智能算法被广泛应用于各个领域中，并成为市场调研的重要技术支持。我们可以利用这项技术预估产品的销售额，更精准地进行用户需求匹配，从而提升企业的交易效率及品牌知名度，维护企业的口碑。

在亚马逊利用大数据建立个性化推荐系统后，其销售额得到大幅提升，个性推荐这个功能也逐渐出现在新闻、书籍、音乐以及社交等各种产品当中。如今，许多产品销售型企业都会利用大数据了解用户的浏览、购买、回购、投诉、退换等消费情况，进而对自身的产品策略进行调整，将产品信息精准投放给需求用户，为用户提供更优质的个性化推荐。

淘宝就是利用大数据进行产品推荐的典范。在淘宝利用关键词进行检索时，检索结果的显示并不完全随机。淘宝后台通常会根据大数据判断用户偏好，将那些容易激起用户消费热情的产品置于顶部，从而引导用户的消费行为。淘宝年销售额的逐年增长，足以说明这个战略的先进性。

未来商业的竞争是用户数据的竞争，真实、精准的数据是企业进行产品决策的前提。大数据时代，企业可以通过对繁多复杂的大数据进行集成分析，并根据数据的整合结果预测新一轮消费热点，将产品信息和优惠活动精准投放给需求用户，为用户提供舒适、便利的个性化推荐服务。这样不仅可以极大地提升用户活跃度，还可以全面优化产品决策，增加企业盈利点，充分挖掘大数据的商业价值。

10.1.2 智能化售后服务

好的品牌不能一味地向用户进行产品、品牌输出，还要注重用户的反馈情况，对产品和宣传内容进行调整，真正地探寻用户需求。这就需要企业建立健全沟通机制，实现用户与品牌的连接。

传统的售后服务方式通常需要耗费大量的人工成本，不仅耗时耗力，还十分容易出现错误，如果短时间内需要接待大量的用户，极有可能无法为每位用户提供优质的服务，从而引起用户的不满。在这种情况下，构建智能化的售后服务体系显得格外重要。

1. 整合零散信息

只有了解用户，才能为用户提供更好的服务。企业应该将全部用户信息统一记录在服务系统中，便于服务人员随时随地地调取产品及用户的相关信息。同时，企业还要在系统中添加大量的解决方案，帮助服务人员快速了解产品的参数、故障原因、维修进度等数据，进一步提升服务的质量和效率。

2. 合理分配工作

智能化的售后服务系统应该以服务流程为基础，将用户需求、仓库分布、备件库存等信息进行整合，从而形成协同业务，为用户制定最佳的售后服务方案。同时根据用户需求为其匹配最适合的工程师，根据用户的位置、预约时间、所需配件等信息为工程师规划最优的行动路线。

3. 深入分析数据

在服务过程中，企业需要将采集到的全部服务信息进行留存，并使用智能算法对这些数据进行全面、透彻的分析，生成可视化分析报告。这样不仅可以为后续的团队管理及战略决策提供有力支撑，还可以进一步完善服务方案，提升用户满意度及复购率。

4. 服务过程透明

用户满意度是服务人员绩效最有力的评判指标。因此，在服务完成后，服务人员应该及时将服务报告上传至系统中，以便管理人员进行实时监测。同时，企业还可以为用户发放调查问卷，进一步了解服务人员的服务态度及专业程度。

市场竞争日益激烈，用户的获取成本也随之提高，企业对于用户黏性的增强、产品复购率的提升等也越来越重视。智能化的售后服务系统可以帮助企业节省管理成本，提高运营效率，提升服务品质，进一步唤醒用户的品牌认知和复购意识，这也成为企业建立竞争优势的最佳途径之一。

10.1.3 构建数字化会员体系

随着流量型商业模式的沦陷，资本热度逐渐消退，提升用户规模的难度也越来越大，能够提升用户留存率、深度挖掘用户价值的会员体系也被重新推上高位。

会员体系的核心逻辑就是通过良好的交互设计、切实的会员权益、优质的激励系统，将处于流动状态的用户保留下来，并充分挖掘其商业价值。企业可以从以下几个维度出发，建立数字化的会员体系，推动企业向用户驱动的发展方向迈进。

1. 会员中心的设计

会员中心是用户与企业之间的连接枢纽，优质的交互设计能极大地提升用户的品牌好感度，增强用户的品牌信任感。会员中心应将企业背景作为设计核心，充分考虑企业定位及用户偏好，使界面布局具有更高的合理性及交互性，全方位提升用户的使用体验。

2. 会员权益的设置

如今，产品同质化日益严重，为用户提供个性化、多元化的会员权益，可以显著增强品牌对用户的吸引力，从而极大地提升用户留存率。

会员权益不应该被企业自身限制，视频会员、购物代金券、服务体验券等第三方平台的增值服务也可以作为会员权益提供给用户。在全方位、多角度地对用户偏好进行分析后，针对用户的个性化需求设置的权益，势必能获得更多赞誉。

3. 会员等级的划分

我们可以根据会员的忠诚度、活跃度、消费情况等数据进一步划分会员等级，这样可以帮助企业更准确、全面地进行会员评估，同时还可以为高等级的会员配置更高级别的权益，从而激起会员们的升级热情。此外，在划分会员等级后，便可以更有针对性地开展运营活动，挖掘会员的深层价值，实现投入产出比的最大化。

4. 积分系统的建立

作为一种常用的营销策略，积分系统可以有效增加用户的品牌记忆点，提升用户的品牌敏感度，保持用户黏性。企业可以根据品牌特性设置积分名称、使用规则、兑换方式、有效期限等。

同时，企业还可以定期举行如幸运转盘、每日答题等策略活动，让用户可以从活动中获取积分，进而有效提升用户积极性及转化率，进一步提升用户的品牌忠诚度。

在构建数字化会员体系后，企业就可以充分挖掘数据价值，发挥数据的业务指导作用。在掌握用户的消费习惯及偏好后，就可以更有针对性地对产品进行创新、改良、营销。此外，数字化会员体系还可以帮助企业在提升宣传效果的同时，最大限度地降低运营成本，将会员数据转化为庞大的经济效益。

10.2 技术与服务数字化的“碰撞”

在企业数字化转型的过程中，一些新兴技术在企业服务的数字化转型过程中功不可没，如跨屏广告、实景广告、全息投影等。

10.2.1 跨屏广告、实景广告大行其道

跨屏广告、实景广告是数字化时代的新事物，也是服务创新的重要手段，应该得到企业的重视。

1. 跨屏广告

试想这样一个场景：你在下班前用笔记本电脑浏览了一件心仪已久的连衣裙，下班回到家之后发现手机中的电商平台也为你推荐了这件连衣裙。于是你就认为这是你和连衣裙之间的奇妙缘分。事实真的是这样吗？其实这是跨屏广告在发挥作用。

对于企业来说，将广告精准地发送给用户是走向成功的重要一步。之前，企业在不断研究如何实现跨屏广告，即把广告发送到同一个用户的所有智能设备上，如手机、电脑、iPad 等。这种重复发送广告的策略会产生非常不错的宣传效果。

如今，借助大数据、5G 等技术，跨屏广告已经成为现实，这为企业带来新的机会。跨屏广告的核心要点是跨屏识别，企业需要认清每一次浏览行为背后的用户，打通与用户相关的各类数据，如账号、IP 地址、Wi-Fi、消费习惯等。

除了大数据以外，物联网也让跨屏广告拥有了现实的场景。智能设备之间的直接通信是物联网最典型的应用之一，而线上线下导航是物联网和传感器的另一个典型应用。因此，在物联网的影响下，用户的购物体验将进一步提升，企业也将获得更多基于用户行为的数据，这些数据可以提升广告的投放效果。

2. 实景广告

实景广告是通过 VR 或者 3D 投影技术将具体位置的实际景象以互动的方式展示给用户。房地产、景区、汽车、购物中心、游乐园、酒店等都非常适合投放这种广告。对于企业来说，实景广告就像“开箱”展示一样，可以给用户真实的体验和身临其境的感觉。

目前，因为网速的限制，实景互动还无法在广告上实现，只能通过网站或者 App 载入。但是随着 5G 的出现和应用，网速已经有了大幅度提升，实景广告会代替简单的图片广告和视频广告，让用户以任意视角查看产品的细节。

10.2.2 借全息投影实现远程实时服务

通过全息投影浏览产品，实现远程实时服务也属于企业对服务体系的重组。目前，全息投影主要用于广告宣传和产品发布会中的展示，这可以为用户带来全新的感官体验。5G 等先进技术则可以将这种感官体验实时传递给不在现场的用户，从而进一步扩大宣传的范围。

例如，某企业推出了一款新鞋子，若想打动用户，已经不能使用老套的“文字 + 图片”的策略，因为这种策略无法满足用户的心理需求。在这种情况下，企业需要寻求新的宣传手段进行产品展示，而全息投影就是一个很好的选择，其展示效果如图 10-1 和图 10-2 所示。

图 10-1　新鞋子的原图

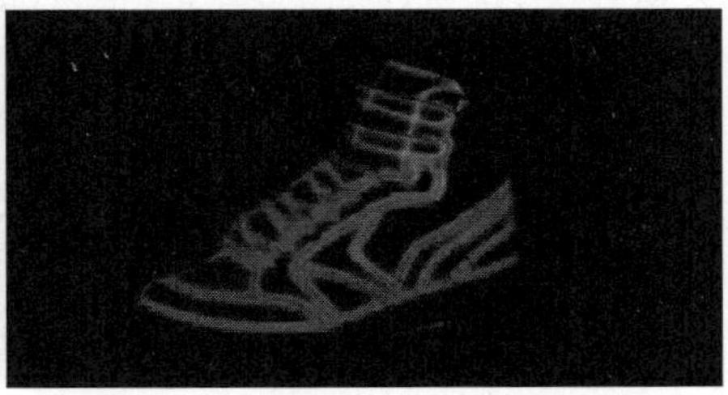

图 10-2　新鞋子全息投影图

由图 10-2 可见，全息投影生动地展现了这款鞋子的特色之处，让其更加鲜活地出现在用户的眼中。在相对黑暗的环境下，全息投影可以利用红色的线条勾勒出鞋子的轮廓，使其形成相对立体的模型。当不同形状的图案交叠在一起时，有利于展现出企业对于鞋子细节的设计。而且耀眼的红色也抓住了用户的关注点。

通过全息投影，在用户没有看到实物之前，甚至可以猜想鞋子的样子。鞋子不仅仅是用来穿的，也是一种理念的宣传。全息投影可以根据企业的需要，为产品量身打造从色彩、形状到表现形式都能符合用户偏好的设计。这样的设计可以突出产品的亮点，使产品得到更多用户的喜爱。企业也可以因此销售更多产品，获得更多利润。

全息投影在产品展示方面具有极其突出的优势。企业将想要推广、宣传的产品放在全息投影橱窗之中，可以凭空出现立体影像，360 度高能旋转，更好地吸引用户的注意力，令用户留下深刻的印象。

与传统的产品展示不同，全息投影的产品展示能够运用生动的表现方式，赢得用户的喜爱。如果将全息投影应用于 T 台走秀中，还可以将模特的服装与走步刻画得十分美妙，让用户体验虚拟与现实相融合的梦幻感觉。

如今，全息投影的应用范围已经越来越广泛，如商场与街头的橱窗中等都可见到。全息投影将打破空间的限制，使用户获得远程实时体验，更好地向用户展示各类产品。这样不仅能让用户更加了解产品，买到心仪的产品，还能为用户带去深刻的印象，利于后期的大规模销售。

10.2.3 “即看即买”的快闪店

数字化转型迫在眉睫，越来越多新兴模式被催生出来，快闪店就是其中比较具有代表性的一个。如果从字面意思理解，快闪店（Pop-up

Store）的显著特点是临时性。

和之前固定于一个购物中心的销售方式相比，快闪店有很大不同。企业通常都会找一个合适的地址开设快闪店，然后固定一段时间在此销售产品。只要时间一到，快闪店就会被拆除。不过，快闪店被拆除后，企业往往还会在其他地方开设新的快闪店。

这种“销售几天产品，制造一些话题，把知名度打响，然后马上消失”的快闪店模式已经受到众多企业的青睐，逐渐成为数字化经营的新思路。之所以会出现这样的情况，主要是因为快闪店确实有不少优势，主要包括如图 10-3 所示的 3 点。

1、成本低

2、便于制造热门话题

3、宣传效果好

图 10-3　快闪店的 3 点优势

除了上述 3 点优势以外，快闪店的“迷人”之处还在于抓住了消费者的心理，包括对新事物的好奇心理、对限量版产品的追求心理等。

Marc Jacobs 曾经开设一家快闪店，主要销售香水 Daisy。这家快闪店只营业了 3 天，消费者如果想在此期间购买产品，那就要把“社交参与”作为货币进行交换。换言之，消费者必须在自己的社交媒体上分享快闪店的照片，才可以顺利购买产品。

这家快闪店虽然在 3 天后被拆除，但消费者拍摄并上传的照片依然留在了社交媒体上，掀起了极高的讨论热度。经过此轮社交媒体推广，这家快闪店的知名度和影响力大幅度提高。

可见，对想要进行零售转型的企业来说，开设快闪店其实是一个不错的选择。不过，要想做好这件事也并没有那么容易，企业必须牢牢把握以下 4 个要点。

1. 选择合适的地址，抢占流量入口

企业要开设快闪店，创意虽然非常重要，但选址方面的考量也必不可少。如果地址考虑欠周全，那无论快闪店设计得多么有吸引力，也无法为企业带来好的销售业绩。从目前的情况看，画廊、手工艺集市、艺术馆似乎已经成为快闪店选址的新宠。综合地看，企业在选址时应该保证快闪店的自身定位与其所在地区的主力消费群体高度契合。

2. 通过社交媒体完成预热工作

在快闪店正式开张的前几个月，Marc Jacobs 就开始进行预热工作，举办了一场名为“粉丝拍摄时尚大片”的活动，获得了非常热烈的反响，报名人数甚至超过了 7 万。Marc Jacobs 从这 7 万人中选出了 9 位进行秋季广告拍摄。这种预热工作除了有聚集人气的作用以外，还有宣传裂变的作用，可以让老消费者拉来更多新消费者。

3. 多摆放带有传播属性的产品

快闪店追求的并不是堆积更多产品，而是应该注重产品的传播属性。好多想开设快闪店的企业不知道应该准备多少产品，笔者认为可以只把新品或限量版产品放在快闪店内。这样可以最大限度地俘获年轻消费者的青睐。此外，将“潮”“酷”“炫”等具有社交传播属性的产品摆放在快闪店也是一个非常不错的选择。

4. 加强与消费者的互动，提升消费体验

企业如果不能加强与消费者的互动，那快闪店的优势就无法体现出来。例如，爱马仕曾经在京都开设了一家快闪店，这家快闪店的设计灵感来自家用电器——洗衣机，可以为消费者提供免费清洗丝巾的

服务。自开设以来，这家快闪店就获得了大量好评。

企业如果想开设一家成功的快闪店，就要脱离销售概念，将重心放在线下展示、消费者参与、产品体验、优质服务、专业咨询、定制生产等多个方面。一旦消费者通过快闪店获得了满意的消费体验，就会加深对产品、品牌以及企业的好感，从而再次产生消费需求。

下篇

数字化转型如何规划和落地

第 11 章

数字化转型从拟订方案开始

企业数字化转型的第一步是制定一套数字化转型的方案，从顶层设计开始，逐步推进企业数字化转型。

11.1 是否应该数字化转型

在拟订方案之前，企业要先分析自身的具体情况，明确企业数字化转型的优劣势，明确数字化建设的重点及难点，制定最适合的数字化转型方案。

11.1.1 数字化转型的必要性

“要么数字化，要么被淘汰。”这句话是Sourceability执行总经理王震旻在一次领袖峰会发表的观点。实际上，很多企业都没有认识到拒绝数字化转型的危害，进行数字化转型只是迫于时代的压力。那么，数字化转型有何意义，企业为什么要进行数字化转型呢？

首先，未来将会是数字化世界。这是麻省理工学院教授尼葛洛庞帝在《数字化生存》中提出的观点。他在书中提到，未来人类将生活在一个虚拟的、数字化的空间中，并会在这个空间中利用数字技术进行沟通、学习、工作等社会活动。在某种意义上，进行数字化转型就是在顺应时代发展的潮流。

其次，数字技术使企业的运营模式发生变革。随着数字技术的发展，用户接触产品的渠道与路径也逐渐向数字化方向发展，这也推动了企业的营销、采购等环节的数字化进程，改变了企业原有的运营模式。这种改变在提高企业生产力的同时，也会对社会的生产关系产生影响，最终达到新的平衡。

与此同时，数字化时代将会出现更多的发展机遇，企业更新迭代的速度也会得到提升。如今，单片机内的晶体管数量早已超过人脑的细胞数量，企业可以利用智能机器人节省人力成本。这将会进一步加速企业间的竞争，没有坚实的数字技术作为战略支撑的企业，也会更容易在激烈的市场竞争中落败。

11.1.2 测试企业的数字化 MAX 成熟度

许多企业认为在业务中加入人工智能、数字中台等数字化工具就可以加速自身的数字化转型进程，但实际上，企业的数字化程度不在于这些工具的使用情况，而在于数据发挥的作用。企业可以利用数字化 MAX 成熟度模型判断企业的数字化程度，从而制定最适合的数字化转型方案。该模型将企业分为 6 个级别，如图 11-1 所示。

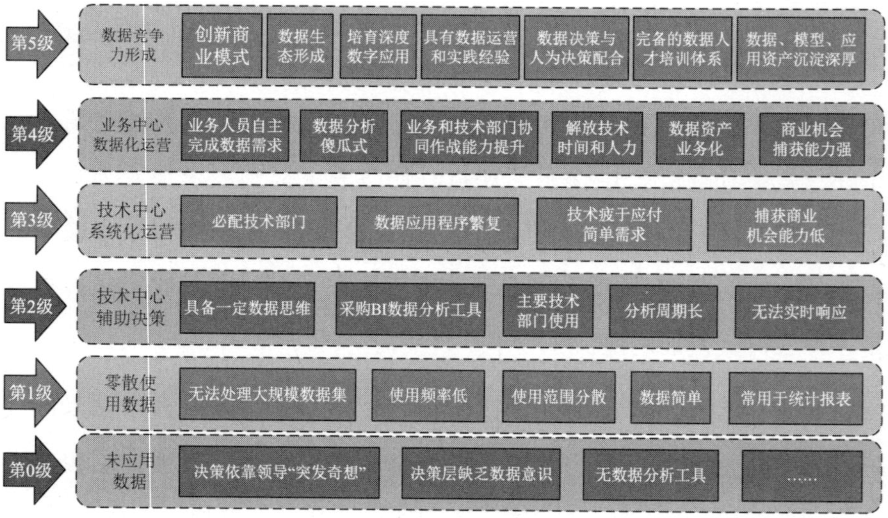

图 11-1 数字化 MAX 成熟度模型

1. 第0级

第0级企业即没有使用数据分析工具，也没有将数据应用于日常运营工作中的企业。这类企业完全没有认识到数据的重要性，通常由管理层根据经验直接下达决策。

2. 第1级

第1级企业即主要使用Excel进行数据存储和分析的企业。这类企业进行数据分析的频率较低，处理的数据少且零散。由此得到的分析结果也相对片面，无法为上层决策提供决策帮助，也无法为企业的数据体系提供支撑。

3. 第2级

第2级企业即已经建立起专业的数据分析部门的企业。这类企业会使用BI（Business Intelligence，商业智能）分析工具辅助管理层进行决策，数据分析的方法也更具规模、更成体系。但由于BI分析工具具有技术门槛，其使用者几乎只有技术人员，无法全面覆盖企业的各项业务，也无法实时响应业务人员的需求。

4. 第3级

第3级企业即可以系统地进行数据应用，并利用数据分析的结果支撑自身业务的企业。这类企业已经搭建出较为完善的数据分析体系，组建起专业的数据分析团队，可以为企业解决一些共通的数据问题。但其数据化运营成本过高，因此要想实现全面数据化运营的难度较大。

当企业的数字化水平达到第3级时，需要处理的数据出现大幅增长，对数据进行治理就显得格外重要。数据的整合、维护、业务赋能等环节需要多个部门配合完成，其运作逻辑如图 11-2 所示。

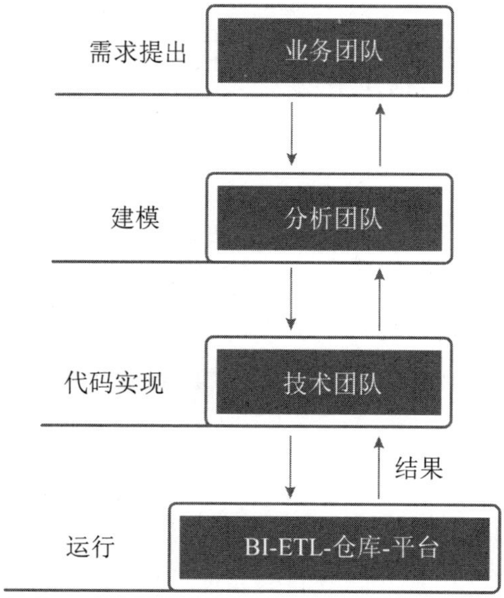

图 11-2　数据支撑业务的运作逻辑

不难发现，在这个过程中业务人员只需提出业务需求，模型建立、代码实现、运行检验的过程都需要由技术人员完成，这会分散他们的大量精力，阻碍产品研发的进程。同时，由于数据分析的结果并未应用于企业的核心业务，数据的利用程度不深，这也会对企业的数字化转型进程造成阻碍。

5. 第 4 级

第 4 级企业即围绕企业的核心业务进行运营，能够利用数据为业务赋能的企业。这类公司通过将自身的数据资产进行沉淀，实现了数据的良性循环，构建了较为完整的数据中台。业务人员可以利用这些数据及工具自主完成八成的业务需求，如图 11-3 所示。

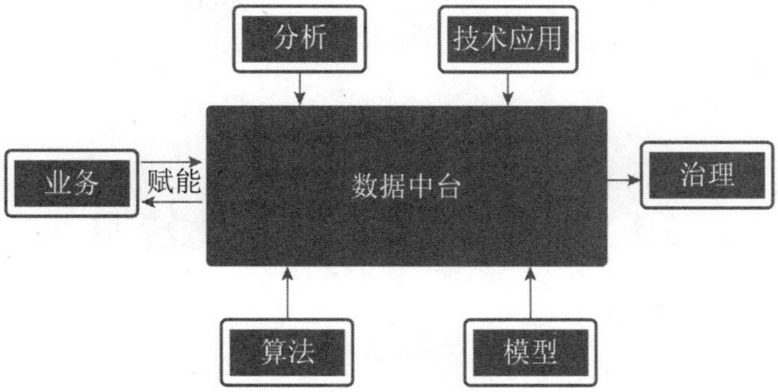

图 11-3　数据赋能业务的运作逻辑

数据中台的构建还加快了企业内部的数据、模型、算法等资料的共享进程，极大地提升了数据的传递效率，使得每个部门都可以随时调用需求数据。业务人员可以直接将数据资料上传至BI分析工具并获得分析结果，极大地减轻了技术人员的工作压力，使他们将精力集中于对数据资产的梳理中，从而建立企业的盈利增长点，加速企业的数字化进程。

6. 第5级

第5级企业即能够利用数据实现业务的创新与变革的企业。这类企业已经实现了数据资产的沉淀，将企业内外部的数据链打通，据此制定先进、完善的数据战略，利用数据驱动自身发展。

企业发展到第5级时，便能够将自主研发的算法、模型、程序等转化为自身的数据资产，形成独有的数据生态，使每位员工都可以快速获取需求数据。同时，企业的数据运营思路、数据人才的培训体系也趋于完善，能为企业提供源源不断的力量。

企业可以根据这个模型判断企业的数字化水平，了解企业的数字化劣势，明确数字化建设的重点及难点，制定最适合的数字化转型方案，快速实现数字化转型。

11.2 何时进行数字化转型

什么时候才是数字化转型的最好时机，这是困扰很多企业的一个问题。但实际上企业数字化转型并没有一个明确的开始信号，而是要尽早开始，因为企业转型最怕观望不前，不敢迈出第一步。

11.2.1 剪刀差理论与马太效应

企业何时进行数字化转型？这是很多企业都在思考的一个问题。企业进行数字化转型需要考虑的因素过多，实施成本也很高，有些企业便因此一直停滞不前，不敢迈出数字化转型的第一步。其实，企业进行数字化转型的时间越早越好，越早开始转型，可以尝试的路径就越多，后期一旦转型成功，就有很大机会能成为业界翘楚，引领整个行业的发展。对此，剪刀差理论和马太效应可以解释这个观点。

1. 剪刀差理论

企业数字化转型是一项长期工程，需要一定的时间才能看到效果。初期数字化成本高于人力成本，但随着时间的推移，在经过某一节点后，数字化成本会变低，人力成本会变高，企业的数字化能力会大大增强，如图 11-4 所示。

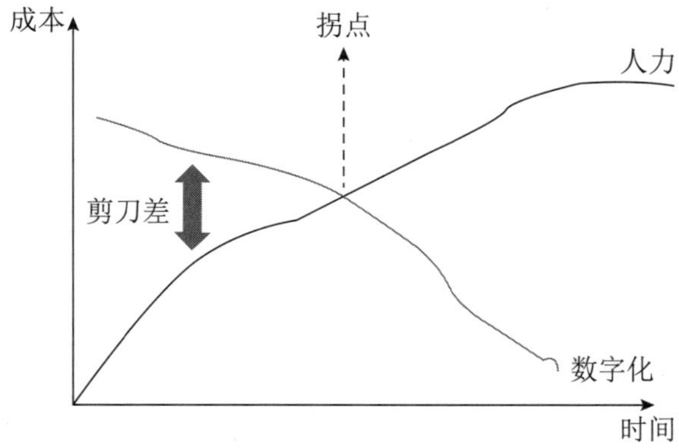

图 11-4　剪刀差理论

因此，企业数字化转型要趁早。只有这样，数字化转型才能尽快帮助企业发展。例如，苏宁的数字化转型成果“数智管理云”产品是苏宁基于 30 年企业管理的经验，不断实践、探索的结果。

2. 马太效应

马太效应指的是一种强者越强，弱者越弱的现象。在数字化时代，数据成为新的生产要素，与资本、技术、劳动力等一样重要。当企业扩大规模时，数据的规模优势会越发明显。如果前期企业重视使用数据和数字化技术，那么其后来的数字化转型之路会越来越顺畅。

11.2.2　各类企业的数字化转型时间

无论企业规模大小，增强自身数字化能力都将是实现转型的主要方向。如今，数字经济已经悄无声息地融入了我们的生活，但由于各行各业受到的冲击不同，数字化的渗透程度也有所不同。这就导致部分企业尚未开始转型，部分企业已成功实现数字化转型，并进入了稳步发展的阶段的情况。

无论是作为数字化发源地的互联网行业，还是积极进行数字化探索的零售行业，都曾经出现过数字化的大规模爆发。但爆发的时间有前有后，与行业的发展阶段并不完全对标，我们最多根据行业的属性、发展规律、数字经济的影响程度等因素进行粗略的预测。

那么，不同行业是否存在最佳的转型时间，企业是否应该在同行业的多数企业都在进行转型时再开始呢？

这两个问题的答案都是否定的。实际上，可以将数字化转型简单地视为田径竞赛，先到终点的人就是胜利者，转型成功的企业就有更多的机会建立颠覆行业的竞争优势。正因如此，尚未开始数字化转型的企业必须把握这个机会，综合考量自身的数字化实力，立即制定转型方案，加速内部数据的沉淀，尽快部署行动、着手转型。

11.3 何人负责数字化转型

企业要想顺利实现数字化转型，必须有一个牵头人，对此董事会与 CEO 有着重要的作用。

11.3.1 董事会推动数字化转型

数字化浪潮引领了各行各业的发展，数字化转型对于企业的影响也日益深远，越来越多的企业开始利用数字化技术进行自身产品和服务的创新，实现经济效益的最大化。企业要想实现数字化转型就必须进行数字化的组织调整，明确转型定位，董事会在其中扮演着重量级的角色。

通常情况下，董事会会通过以下几种方式充分利用企业内部的信息化数据，实现业务数据的整合、分析及应用，从而全面推进企业的发展规划，进一步加速企业的数字化进程。

1. 梳理转型方案

董事会是整个企业组织架构的顶端，其工作重点在于战略的制定。但在数字化转型的过程中，除了要制定企业的发展战略，董事会还要持续跟进数字化转型的过程，并根据执行情况及时调整转型方向。因此，董事会需要对数字化转型的整体方案进行梳理，并以行业发展的趋势和企业的业务特点为基础，确立转型的战略目标及阶段目标。

2. 设立监督组织

持续跟进转型过程需要耗费大量的时间和精力，对此，董事会可以设立针对专门用于了解转型进程及效果的监督组织，为后续的战略制定提供更多的参考依据。同时，作为政策的制定者，董事会并不会直接参与数字化转型的具体工作中。因此，董事会还需要选用适合的人才作为执行团队的成员，从而保证执行团队的业务能力及调控能力。

3. 聘请数字化人才

数字化的浪潮不仅会颠覆传统行业的业务及管理模式，还会对董事会的组织架构产生冲击。因此，为积极应对数字化转型中的挑战，董事会需要聘请数字化人才，增强相关决策的科学性和可行性。引入具备数字化建设经验的新成员，也可以优化传统的企业架构，制定有利于数字化业务执行的模式及制度，从而由内而外地推动企业数字化转型。

在企业进行数字化转型的过程中，董事会还要依据企业的业务特性判断转型目标，并利用数字化技术优化自身的业务和产品，借鉴行业领导者的转型措施，充分挖掘数字化转型的价值，从而在激烈的市场竞争中立于不败之地。

11.3.2 CEO 在数字化转型中的作用

数字化时代，实现数字化转型几乎成为每家企业的追求。上文已经讲述了董事会该如何推进数字化转型，那么作为 CEO 又该如何把握数字化转型的脉搏，促进企业的数字化转型呢？

对于 CEO 而言，可以通过搭建数字化领导组织的方式协调各方资源，促进企业的数字化转型。企业的组织架构即企业进行资源分配、业务开展、管理落实等基本业务的执行体系。组织架构的搭建，可以增强团队的协作能力，使团队成员的配合更默契、更规范，从而提升团队的整体工作效率。

在搭建的过程中，CEO 需要对团队的职能进行梳理，并根据每个人的岗位为其分配不同的工作内容。数字化领导组织的搭建也是如此。在搭建过程中，除了企业的战略规划，CEO 还需要考虑项目的预算成本、现有的技术水平及当前的经营模式，从而有序、稳定地推进数字化转型的进程。

在数字化领导组织搭建完毕后，CEO 还要选择各项业务的核心负责人。选出的核心负责人需要配合 CEO 搭建数字化的组织架构，并带领团队积极应对转型过程中的挑战。例如，如今的数据复杂性堪比业务和技术，核心负责人需要针对这种情况给出解决方案。

数字化领导组织的搭建加强了各位领导的合作与交流，为实现信息共享和资源协作提供了沟通与协作的平台。

第 12 章

企业如何做好数字化转型

企业数字化转型要从三方面实施，即战略思维数字化、生态创新、全面升级数字化能力。

12.1 战略思维数字化

战略思维对企业数字化转型有指导性作用，将它进行数字化有助于企业从战略层面确定数字化转型的方向，明确后续的步骤。

12.1.1 制定数字化战略

企业在制定数字化战略前，要将未来三到五年内的战略规划进行梳理，同时确定战略执行的具体步骤。以某银行制定的数字化战略为例，其战略愿景以及具体实施路径，如表 12-1 所示。

第一步，明确战略愿景

企业在制定数字化战略的过程中，蓬勃发展的数字技术会促使企业现有的商业模式发生变化。因此，企业需要明确自身战略愿景，如提升运营效率、增强用户黏性、创新产品品类等，并根据战略愿景细化发展目标和执行路径。

数据仓库、企业上云、万物互联、产业互联网等都是数字化变革的代名词，它们没有改变整个行业的内容、性质，只改变了企业的经营方式。传统的企业主要依靠人工经营，新型的经营方式可以轻松地实现数倍的效果，最终形成全新的商业模式。

表 12-1　某银行的数字化战略

战略愿景	深化用户经营	丰富产品服务	推动产能提升	加速渠道转型
发展目标	• 有效用户数 新客转化率提升 20% 老客流失率降低 20% • 金卡以上用户数（>5 万人） • 单客产品数	• AuM 突破 7000 亿元 • 贷款收益率提升 30% • 信用卡发卡量增加 10 万张	• 零售网均存款规模 • 零售网均收入提升 200% • 销售团队人均产能提升 20%	• 线上用户覆盖率 90% • 用户端活跃用户比例 50% • 移动收单带动零售存款 500 亿元 • 客服中心营收提升 10%
实施路径	• 新客获取 批量获客 推荐计划 • 新客转化 新客营销活动体系 新客专属产品包 • 存量用户提升 用户分层经营 战略客群经营 • 流失用户挽回 流失用户定向优惠 大数据流失预警	• 丰富负债产品 创新存款产品 定期存款差异化定价 依托财富管理提升资金沉淀 • 跨越式发展零售资产业务，提升资产业务收益率 丰富小微产品体系，深化用户经营 个人业务发展综合消费类信贷 • 做大中收业务规模 做强财富管理 加速扩张信用卡 差异化费率定价	• 精细化、专业化销售管理体系 军事化目标管理 自动化过程管理 精细化团队管理 • 搭建营销体系，创新营销方式 打造营销管理体系 大数据驱动营销	• 线下渠道优化 推进网点轻型化转型 渠道画像 渠道赋能 • 线上渠道创新 迭代升级线上渠道，全面提升用户体验 用户服务中心职能转型 • 线上线下一体化经营 线上精准定位高潜力用户 线下网点引流至线上虚拟店

第二步，拆分战略目标

当企业完成对企业战略愿景的梳理后，就需要将其拆分为各个环节的目标。例如，某零售企业在制定下一个阶段的销售目标时，需要先对本阶段的销售情况进行复盘，并根据市场的发展趋势、供应商的变动等进行制定。在这之后，还要以季度、月度、部门为单位将其进行细分，确立每个阶段的销售目标。

第三步，细化战略路径

在将企业的整体战略愿景拆分成数个阶段性目标后，企业还需要对目标的实施路径、执行团队等有清晰的认知，从而确保企业的战略目标能够有序地推进。同时，企业还需要综合考量执行团队的员工结构以及员工的个人能力，从而有目的地匹配资源，使实施路径具象化。

在战略的推进过程中，数字技术也可以帮助企业更好地优化现有的业务模式。如果企业不能合理运用数字技术，就无法借助转型战略建立自身优势。正因如此，企业需要充分利用数据仓库、企业上云、万物互联、产业互联网等数字技术带动业务的进一步发展，满足用户的深度需求，创造更优质的商业运营方案。

12.1.2 易派客：中石化的数字化创新

中国石化打造的电商平台易派客正式运行后，彻底改变了传统的物资装备部门的职责定位，提升采购部门的服务标准，为企业型用户提供更优质的服务，为中国石化自身增加了利润增长点。

易派克为中国石化拓展了现有的服务领域，带来了新的价值，这些将在一定程度上挖掘和利用中国石化现有的数据资产，实现数据资产的市场化。

中国石化积极响应数字化时代的新要求，从供应链的需求与管理的角度出发，以产业链为基础，在现有的电子化采购系统的基础上建立了电商平台“易派克”。除了为中国石化提供采购、销售、金融等其他综合服务外，易派克还可以为中国石化的下属企业实现增效降本、保供提质。

易派客平台建立在以下三大核心原则上。

1. 优中选精

在选品方面，易派克坚持优中选精的原则，致力于打造全球最大的工业品推荐平台，并以各关联方的服务指数评价体系为依托，在世界范围内甄选最优质的工业品资源。时至今日，易派克已经从 3 万多家供应商与上百万种工业品中，挑选出了信誉好、技术强、服务优的 126 家供应商与 2000 种工业品，这些企业与产品都将作为易派克平台上线的首批企业与产品。

2. 互利共赢

在服务方面，易派克坚持互利共赢的原则，致力于打造全球最大的工业品服务支持平台。同时全面扩展自身增值服务，推出了实现贸易环节全覆盖的多项高性价比业务，打造出全流程、全方位、全天候的平台支持服务，全面提升成本的可控性、交易的安全性以及便捷性。

3. 融通供需

在交易方面，易派克坚持融通供需的原则，致力于打造全球最大的工业品贸易平台，充分发挥中国石化具有遍布世界各地的专业贸易团队的优势，做好用户们的服务管家，为国际买家和供应商提供双向定制服务，满足他们更深层次的贸易需求，让供需双方各得其所。

随着数字经济的发展，数字技术与社会经济的融合程度进一步加深。在国家的战略支持下，新一代数字技术与实体产业的融合速度进一步加快，新型的电商业态逐渐成为实现经济增长的新引擎。

12.2 生态创新加速企业数字化进程

一个人的能力是有限的，企业也是如此。在数字化转型的过程中，如果企业只是单打独斗，那么注定会很艰难。但如果企业联合外部资源，打造出一个全新的生态，就可以加快企业数字化进程。

12.2.1 顺应时代的“智能生态”

近几年，企业更倾向于提升自身的创新能力以及智能化水平，建立竞争优势。数字技术的迅猛发展使企业有机会更高效地将数字技术进行深化。当越来越多的企业加入数字化转型的队伍后，也就形成了一种顺应新时代的“智能生态”。

这种智能生态可以轻松地帮助企业实现多赢。在形成智能生态后，企业不仅可以快速学习前沿知识，还可以借鉴其他企业的实践经验，最大限度地规避风险。不仅如此，这种智能生态还可以帮助企业清楚地认识自身的特点，从而缩短转型需要花费的时间，降低试错成本。

当然，冰冻三尺非一日之寒，形成一个智能生态并不是短时间内能完成的事情，也不是某一个行业就能实现的事情，它需要各行各业多角度、全方位地进行协作。实际上，如果政府、各类企业、公共服务平台、科研院所、高校等各个领域的领头者都能平等地展开协作，就可以在最短的时间内形成智能生态，实现多方共赢。

华商数据致力于帮助中小企业搭上新时代的列车，促进了智能生态的形成。

中小企业占据了我国企业总数的90%以上，但由于种类繁多，它们对于实现数字化转型有着不同的需求。华商数据集合了企业的管理系统、销售平台、生产方案等多项业务模块，可以有效帮助企业进行内部管理，并通过数据交互促进企业各部门间的高效协同，推动企业是生态化发展。

在数字技术的支持下，华商数据专门针对中小企业的需求研发了企业管理系统华商云服，如图12-1所示。

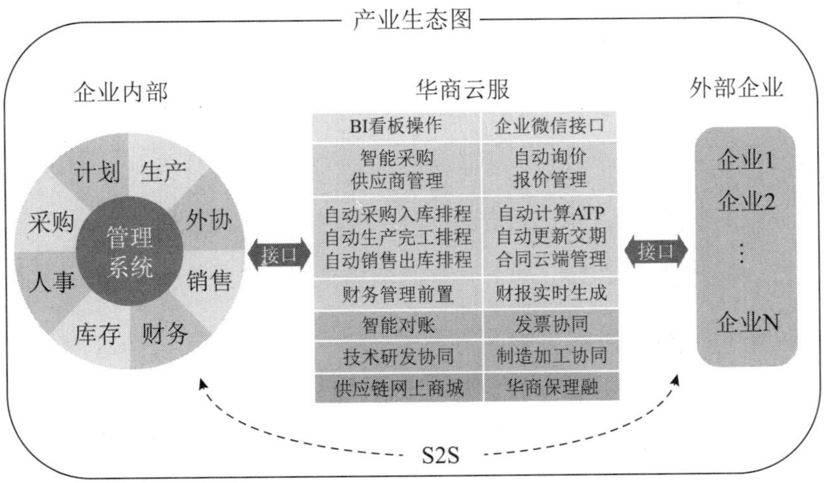

图12-1　华商云服概念图

这个系统集合了生产、销售、财务、库存、采购等多项需求，打破了企业内外部的壁垒，可以解决中小企业数字化转型中的共性问题，帮助企业建立新型智能生态，实现多方位协同发展。

在智能生态成功建立后，企业就会拥有一位经验丰富的引领者，帮助企业规避数字化转型过程中可能出现的问题，使企业可以规范、科学地进行数字化转型。

12.2.2 共建生态，寻求共赢

当企业的数字化转型速度过快时，很可能导致业绩增长进入乏力期。这时就需要引入战略合作伙伴，充分利用其优势资源，与其共建智能生态，从而降低企业面临的风险，扩大企业的盈利增长空间，有效推动双方的数字化进程。

自成立以来，轻住集团已遍布全国200多个城市，建立3000余所酒店。其创始人表示："集团与战略伙伴的合作不仅仅是一门生意，轻住集团将会以自身的品牌和运营优势与合作伙伴携手共进，共同实现可持续发展。"

2021年4月，轻住集团宣布与多家企业达成战略伙伴关系，其中包括雷神科技、携住科技、小帅科技等多家能有效提升用户体验的智能服务型科技企业。此次合作将多种不同调性的品牌连接，提升了项目的用户适配性，全面拓宽了企业的增值渠道。

近年来，整个酒店行业都在积极推动产业结构升级，其用户群也开始从产品消费升级为场景消费。轻住集团便尝试通过引入战略合作伙伴的方式，打造更为完善的数字化生态网络，最终实现双方共同发展。

在引入战略伙伴后，轻住集团在酒店运营、用户体验等多方面的能力得到显著提升。根据业界专业人士的预测，在2021年底，轻住集团将实现5倍的盈利增长，其市值预估有望突破1.9万亿元。随着合作的深入，轻住集团也将充分发挥战略合作优势，持续发挥品牌价值。

有了合作伙伴在前方开路，轻住集团市场扩张的速度也大幅度地

提升，快速实现了数字化转型。企业应该将合作伙伴视为数字化转型的战略基石，与合作伙伴共享发展红利，共建智能生态，在合作中寻求双赢。

12.2.3 美年大健康：开放型数据平台

美年大健康的董事长俞熔在一次云栖大会上表示："作为中国最大的大健康数据中心和最大的流量入口平台，目前美年大健康已经与阿里云展开合作，双方共建云计算平台，并开展了健康体检、医学影像等核心大数据分析及合作应用。美年大健康将利用阿里云尖端的互联网技术，快速推进美年大健康 400 家体检中心的数字化、智能化。双方联合打造适应未来发展所需要的健康大数据开放平台以及最大的健康生态圈。"

在多次重量级会议召开后，医疗健康产业迎来了重要的发展机遇。作为整个医疗健康产业的入口，健康体检行业肩负着产业振兴的重任。如何利用最低的成本，创造最大的数据价值，也成为该行业中的企业提升自身核心竞争力的重要课题。

美年大健康以专业、高品质的体检著称，以健康检查作为切入点，围绕疾病预防、健康保障等领域展开服务，致力于形成稳定的生态型商业闭环，实现健康大数据与互联网金融的结合，打造有价值的个人"健康银行"。

美年大健康的管理团队清晰地意识到："云战略是企业发展的趋势。精准、连续、可靠的海量大健康数据是美年大健康的核心竞争优势，数据的充分挖掘和精细化管理始终是美年健康整体战略规划中最重要一环，云战略对美年大健康具有重要的战略意义。"

美年大健康将云平台的规划、建设、运维作为整体的长远规划。

为满足影像业务需求，美年大健康构建了全面、可扩展的影像云平台，并在其中加入人工智能技术辅助诊断。如今，已有几十家门店成功接入影像云平台，其余门店也在陆续接入中，这也极大地减轻了医生的工作量，节省了大量的医疗资源。美年大健康也通过发布流行病调查报告、健康白皮书等方式，将积累的医疗资源反哺回馈社会，推动我国公共卫生事业的长足发展。

随着项目合作的不断深入，美年大健康打造的开放型数据平台将成为远程疾病防控中心。在人工智能、云计算等数字技术的支持下，美年大健康实现了在医学影像、生物信息等领域的战略布局，进一步增强了健康产业生态系统的循环能力。

12.3 全面升级企业数字化能力

如今，资本市场的众多潜在风险相继暴露，企业的风险应对能力面临着前所未有的考验。在这种情况下，企业更应该努力提升自身的数字化能力，坚持稳健经营的发展理念，进一步优化风险管控策略，更好地平衡长期与短期的效益水平，实现长期、稳健的发展。

12.3.1 评估企业的数字化转型程度

企业的数字化转型是一个逐渐深入的动态过程。在这个过程中，企业需要及时评估当前的转型程度，确保转型的顺利推进。若将企业在数据的获取、表达、存储、传输、交付方面的能力作为评判标准，可以将企业的数字化能力划分为五个等级，如表 12-2 所示。

表 12-2 数字化能力衡量模型

等级	数字化战略定位	数据化核心要素					组织架构
		获取	表达	存储	传输	交付	
1 级	无数字化战略问题驱动或业务驱动意识，主要解决组织内部协同问题	无数据获取意识，主要解决机器替代人工问题	数据维度单一	关系型数据为主	ETL 批量数据同步	主流程自动化、定制报表	无独立数据部门，多在运维部设置 DBA（Database Administrator，数据库管理员）相关岗位
2 级	数字化决策支持，通过数据支持管理人员决策	关注业务环节的数据收集	数据维度逐渐丰富	面向主题的数据仓库	实时数据接口	数字化决策、数据在线报表	设置数据分析师岗位，可能存在独立的数据部门
3 级	一切业务数据化、一切数据服务化	跨界数据应用、数据资产化	全领域数据融合，数据维度更加丰富	大数据平台	批流结合	基于数据的量化运营	设置独立的数据部门，设置数据分析师、算法工程师等相关岗位
4 级	数字化平台	实现数据与业务相互促进，数据快速增加	数据维度更加完善	基于云的数据平台	一体化数据服务体系	数据平台化、智能化、自动化	管理人员设置数据管理相关岗位，成立独立的数据资产运营部门
5 级	数字化开放生态	通过生态场景洞察和验证用户服务需求	千人千面，基于数据自主服务	基于云和边缘计算的数据平台	低延时云边协同	数据自驱动	设置首席增长官相关岗位，统一管理市场、数据、战略

随着数字化转型的深入，互联网技术将渗透到企业管理的各个方面，形成数据驱动式业务体系，全面提升企业的业务运作效率。

著名管理学家彼得·德鲁克曾说："你如果无法衡量它，就无法管理它。"企业在了解数字化能力后，就能明确数字化建设中的重点、难点，从而制定最适合的数字化转型方案，进一步推动数字化转型进程。

12.3.2 企业数字化能力的 3 个等级

从大型企业信息化发展的现状出发，在充分考虑企业组织架构、运营模式和业务发展的特点后，就可以将企业的数字化能力简单分为赋能、优化、转型三个等级，如图 12-2 所示。下面以中国石化为例，对这 3 种等级进行详解。

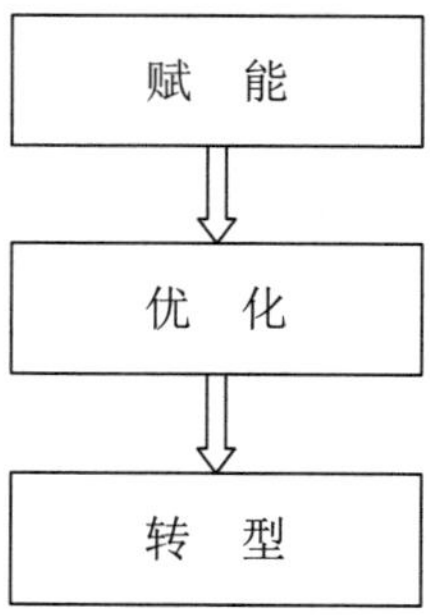

图 12-2 数字化能力的 3 个等级

数字化能力的第一个等级是赋能，也就是对传统的业务流程进行数字化赋能。中国石化通过搭建 ERP、智能管道等数字化系统，实现了对企业管理模式的优化，企业的管控能力得到了加强，运行效率也得到了提升。以智能管道系统为例，它让中国石化能够精准掌控 3 万余公里的管道，全方位提升了中国石化的巡逻效率、防盗能力以及面对突发事件的指挥能力。

在企业达到赋能等级后，其业务流程、设备装置等都会逐渐数字化，这也对企业数据的计算能力提出了更高的要求。达到数字化赋能等级的企业，业务会更标准，组织架构会更透明，其他工作水平也会得到显著的提升。

数字化能力的第二个等级是优化，在企业达到优化等级后，就可以借助大数据技术实现对业务流程的优化，这也可以有效提升企业的核心竞争力。例如，中国石化就利用数字技术建立了炼化项目的优化系统，这个系统可以针对供应商的技术特点为中国石化提供最优的原油采购方案，从而实现效益的最大化。此外，中国石化还在炼化装置中增加了过程控制系统，它们可以利用这个系统精准地控制生产，实现投入产出比的最大化。

达到优化等级的企业最大的特征是实现了数据资产化，这些企业可以将多年积累的数据沉淀为宝贵的数字资产，充分挖掘和利用数据的价值，从而促进业务流程的变革，最终使企业的组织架构更扁平、更轻盈。

数字化能力的第三个等级是转型，转型等级包含企业的商业模式与运营模式的变革。例如，在“石化 e 贸”正式上线后，中国石化的销售模式就从传统的渠道销售转变为新型的平台销售。此外，中国石化还可以利用摄像头自动识别人员滞留情况，使巡检模式从定时巡检转变为发现问题再巡检。

赋能与优化等级的内核是对现有业务的优化和改造，转型等级则会跨越现有的业务与领域，创造全新的商业模式。数字化转型的三个等级是递进的，也是相互交叠的，企业不仅可以分步进行，还可以同步进行。当企业达到转型等级后，就可以向其他合作伙伴输出转型经验，换取资源以及业务合作。

第 13 章

数字化转型利器——中台战略

“变化”是永恒不变的真理，面对市场环境的激烈变化，实现数字化转型迫在眉睫。但数字化转型并不意味着需要推倒重来，企业需要相对稳定的战略决策作为发展的支撑点。新型商业模式使企业的服务职能发生了转移，形成了中台系统。这种可以快速响应前台需求，并在短时间内获得后台支持的中台系统也因此成为数字化转型过程中的关键环节。

13.1 中台是什么

为了满足前台快速迭代和后台稳定性的需求，中台概念出现了。中台可以在前台需求来临时，快速响应，并在短时间内获得后台支持，从而提升研发效率，降低成本，提高工作效率。

13.1.1 全方位解读中台

在传统的互联网企业中，通常会按照功能将研发团队划分为前台与后台。前台即用户直接接触的部分，如 App、网站等，后台即那些不会被用户感知的部分，如企业的数据管理、为前台提供的基础服务等。通常情况下，后台为整个应用提供技术支持，前台将后台的内容进行封装，并以更通俗的形式展示出来。前台与后台的服务模式如图 13-1 所示。

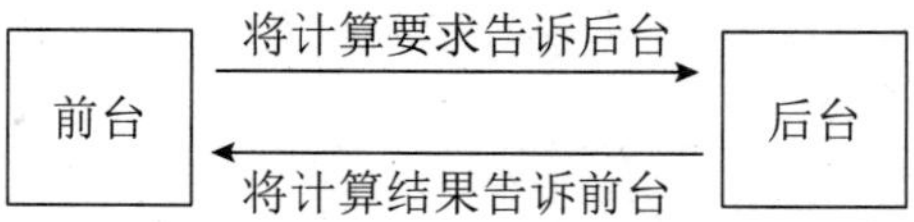

图 13-1 前台与后台的服务模式

实际上，这种前后台的模式可以为企业提供最快捷的解决方案。前台负责进行展示与交互，后台负责解决用户需求，这两者结合就是一个最简单的产品。

随着企业业务线的增加，中台为许多企业解决了如何继续发展的实际问题。日益激烈的市场竞争使企业不得不持续更新自身产品，前台也必须快速进行迭代。在这种情况下，为了支撑起更多的业务，后台会变得越来越庞大，最终无法适应前台的变化。

以电商平台为例，在企业未引入中台这个概念后，前台的每项功能都需要与后台进行对接，如图13-2所示。

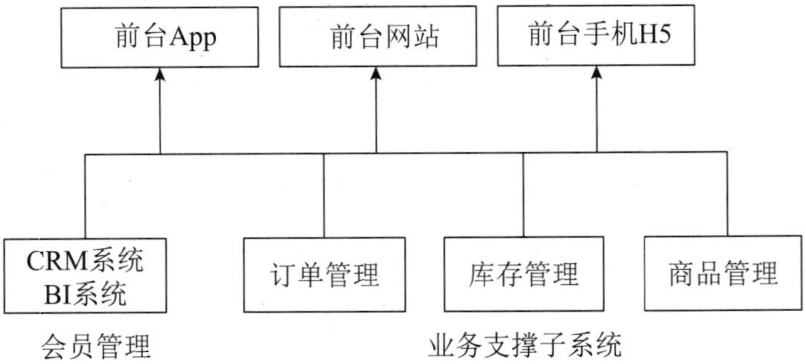

图13-2　前台与后台的功能连接

这种链接方式要求后台的每一个模块都需要与前台适配，极大地增加了后台的研发工作量与前台的启动工作量。而当后台需要进行功能升级或结构调整时，研发人员需要考虑到前后台的匹配问题，并逐一进行调整，这些琐碎的问题会在一定程度上浪费研发人员的时间与精力，从而降低研发效率。

在企业引入中台后，就可以将中台作为对接枢纽，并将后台的各项系统进行封装，让前台可以直接使用这些服务，无须再设计专属通道，这将会最大限度地简化企业的业务架构，如图13-3所示。

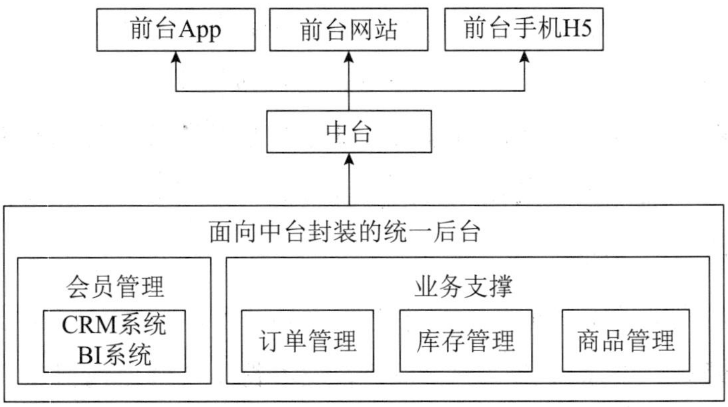

图13-3　引入中台后的业务架构

中台可以利用后台的服务架构快速实现试错与创新，其本质就是服务共享，企业可以将中台视为标准化的中间件。例如，研发团队可以将“用户昵称”这个项目模块化，设置为一个中台结构，这样，当前台需要使用“用户昵称”这个项目时就可以直接调用对应的中台，从而快速实现与后台系统的对接。

如今，如何利用最低的成本在最短的时间内实现业务创新不仅是企业提升市场份额的重要课题，更是企业实现高质量发展的重要课题。中台可以对企业的业务结构进行重构，最大限度地提升了研发团队的工作效率，为企业提供了全新的解决方案。

13.1.2 建设中台的三原则

为提升自身的需求响应能力，几乎所有企业都在全力建设产业互联网，但仅拥有产业互联网是远远不够的，还需要以企业的实际经营情况为基础，建设最能推动企业发展的中台，从而提升企业各项业务的反应速度，降低企业的试错成本。企业在中台建设过程中需要遵循以下原则。

1. 战略举措优先原则

将中台建设上升到企业战略举措的高度，这也意味着企业需要打通业务部门与技术部门的决策沟通流程，同时还要明确各项问题的处理优先级以及构建中的职能分工。在明确战略方向后，还要定期对战略目标的完成情况进行核实。

2. 业务决策优先原则

通常情况下，中台战略会改变企业的业务形态，企业的业务部门也因此需要围绕自身的发展战略，对业务决策进行调整。在成功明确中台规划以及中台与业务之间的协作关系后，企业就可以利用中台支撑前台的业务发展。

如果在中台建设的过程中严格遵循业务决策优先的原则，企业的业务诉求就可以在第一时间参与到中台建设的过程中，这将显著降低中台的价值风险。

3. 赋能优先原则

在企业建设中台的过程中，我们不难发现，降低运营成本和提升响应能力之间存在不可调和的矛盾，很难同时满足这两种需求。在将业务流程中台化后，企业就可以利用中台为业务赋能，从而找到这两种需求的最佳平衡点。

当企业将中台的建设工作上升到战略高度后，“中台”对于企业的意义就不会只是一个成本中心这么简单。业务决策优先以及强化赋能的思路，也会使企业的关注重点从是否显著降低运营成本、是否使用多项数字技术等表层问题，转移到业务收益的提升、业务结构的优化等深层次的问题上。

许多企业都曾尝试过建设中台，但由于并未遵守上述原则在各级部门的压力下形同虚设，企业架构的转型也因此搁置。数字技术的发展推动了共享生态的发展，中台可以帮助企业最大化地发挥数据的价值，这些数据也将成为企业最宝贵的资产，为企业持续赋能。

13.2 企业要关注的3类中台

随着数字技术的发展，用户逐渐成为商业战场上主要的争夺资源。

建设中台不仅可以打破用户增量瓶颈，快速响应用户需求，还可以增强企业各部门间的协同作用和对资本市场的适应能力，逐渐成为企业发展的核心推动力。

根据面向对象的不同，可以将中台分为数据中台、技术中台、业务中台三种。

13.1.1 数据中台：将数据单独储存

数据中台通常会从后台以及业务中台获取需求数据，在将这些数据进行整合、分析、计算、存储后，构建可复用的数据能力中心，为前台提供便于使用的数据资产。数据中台的架构如图 13-4 所示。

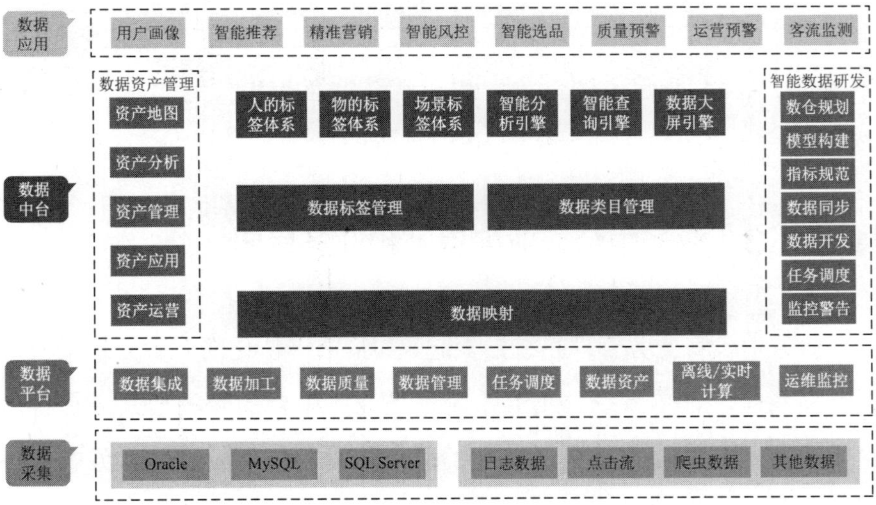

图 13-4　数据中台架构图

13.1.2 技术中台：支持企业快速创新

技术中台是通过资源整合将企业自有能力进行沉淀，并为前台提供技术、数据等资源支持的平台。它由平台化的架构演化而来，微服务开发框架、容器云、PaaS 平台等都是技术中台的一种，它们都在最大限度上将烦琐的技术细节涵盖在中台内部，为前台和其他中台提供快速、便捷的基础技术。技术中台的架构如图 13-5 所示。

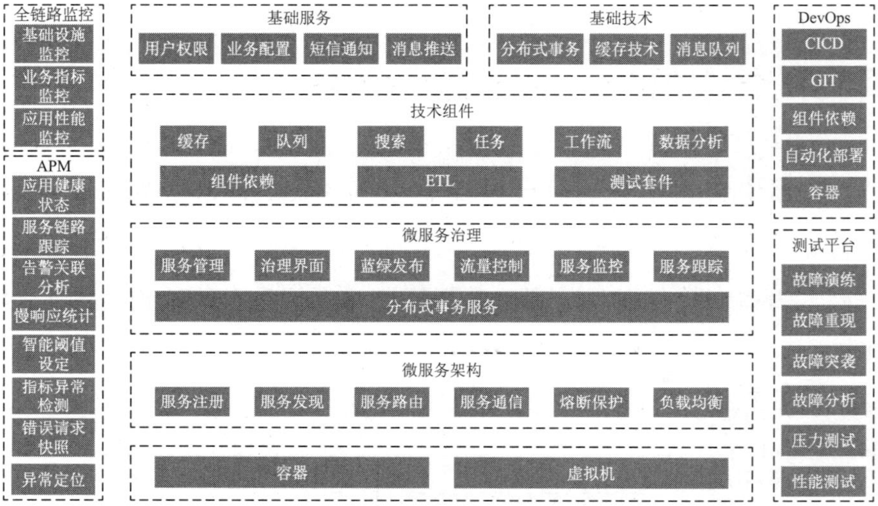

图 13-5　技术中台架构图

13.1.3　业务中台：业务思维和业务导向

业务中台将业务管理系统汇聚起来，形成一体化的业务处理平台，如产品系统、订单系统、物流系统都是业务中台的一种形式。它将后台的业务资源进行了整合，提升了前台的业务处理能力。业务中台将各项业务的底层逻辑与实际应用分离，这有效降低了各部门的沟通成本，增强了各项业务的运作效率以及员工之间、部门之间的协作效率。业务中台的架构如图 13-6 所示。

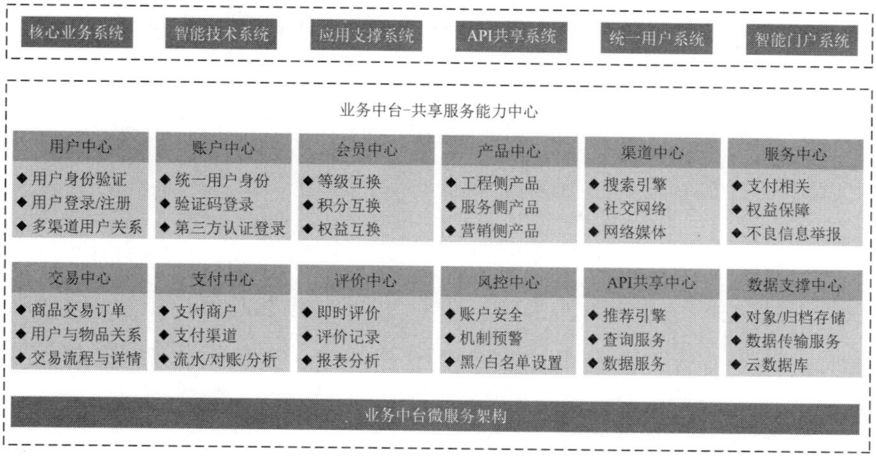

图 13-6　业务中台架构图

中台将企业的数据、技术、业务需求场景化，并将那些可复用的流程进行有机组合，显著提升了部门内部以及各部门之间的协作效率，降低了企业的运营成本。因此，我们需要结合企业的实际经营情况，围绕其核心业务建设所需中台，同步推进技术工具、分析能力以及业务流程的数字化进程，尽快形成数据、技术、业务的完整闭环。这可以帮助企业建立完善的战略机制，促进企业的良性发展。

13.3　企业中台战略的实践案例

有很多企业通过中台技术实现了数字化转型，下面介绍几个具体的案例。

13.3.1　爱驰汽车用中台实现数字化

爱驰汽车致力于为用户打造新型的出行方式，它是一家面向国际的智能汽车企业，也是首家实现用户深度参与的智能出行企业。爱驰汽车的CEO杭瑜峰表示："中台在架构上保证了我们未来的技术扩展能力和业务迭代能力，未来不可推测，但中台恰恰是我们面向未来的架构。"

前台、中台、后台是爱驰汽车的组织架构形式，在这种架构中，前台主要负责各项业务的落实，中台主要负责为前台提供集中性强的技术支撑，后台主要负责计算力的统筹管理。爱驰汽车将提升对现有业务模式的支撑力作为规划中台架构的切入点，这种规划方式帮助爱驰汽车同步实现了三种组织结构的建设，全面提升了自身的数字效能。

互联网行业的中台比爱驰汽车的中台更宽泛，爱驰汽车的中台是所有业务线的集成者和服务者，将业务发展需要和技术环境情况作为发展重心。

数字化帮助爱驰汽车提升了各条生产线的效能，中台更是以枢纽的形式存在，全面提升了爱驰汽车的技术创新能力与业务迭代能力。在失去中台后，爱驰汽车也将无法及时实现对部分系统的交付工作，对某些关键业务的支持工作也将受到一定程度的延缓，最终导致汽车的投产时间出现延期。

在中台的帮助下，爱驰汽车利用三年的时间快速实现了从零到一的数字化建设。在现有的业务架构下对现有的业务组件与数据交换的条件进行调整，从而以最快的速度实现企业的迭代升级，让企业能够以不变应对瞬息万变的资本市场，才是中台存在的意义。

13.3.2 双中台战略助力智慧交易

如今，中台战略正在向传统行业延伸，越来越多的传统企业开始寻找中台战略的落地办法，房地产企业也不例外。A 企业的主营业务是房地产开发，它与大部分房地产企业一样，数据的可拓展性和灵活性都不强，也无法同时处理大量的用户数据。在 A 企业推行双中台战略后，7 天内便分别向用户和置业顾问发行了线上售房的应用软件，在线下楼盘的寒冬期创造了可观的交易额。

数字时代要求企业快速回应用户的需求，但用户的需求在快速变化，因此，根据市场变化快速生成全新业务流程的能力是每个企业都需要具备的。要想拥有这种能力，企业必须与用户进行强连接。A 企业根据自身的经营状况制定了业务与数据的双中台战略。

A 企业为业务中台设置了 5 项基础目标与 5 个对应的模块，同时，它还以业务中台为基础，针对自身存在的问题建设了数据中台。数据中台同样包含 5 个对应的模块，其架构如图 13-7 所示。

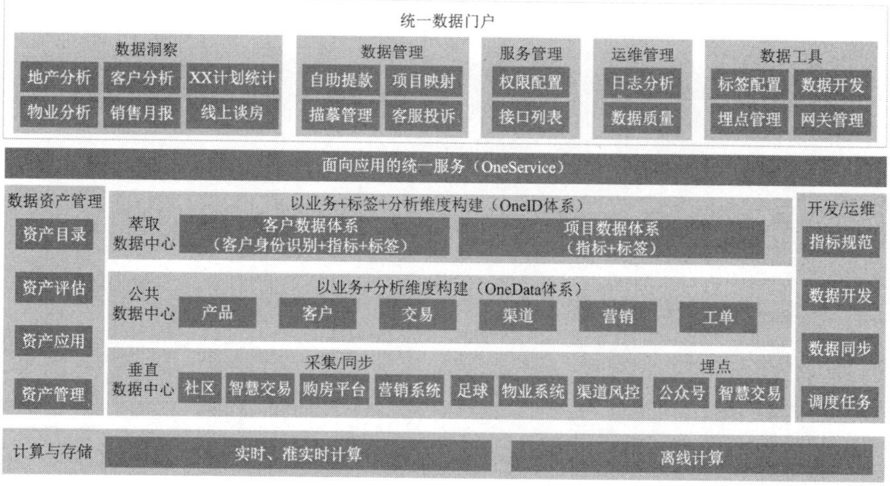

图 13-7 双中台架构示意图

在双中台战略的帮助下，A 企业将前台的应用与这 5 个模块进行了连接，充分发挥了双中台的价值。双中台战略的实施不仅可以帮助 A 企业打通企业的内部数据，业务人员可以更便捷地建立统一视图，为接下来的数据分析环节奠定基础；同时，A 企业还可以借助数据挖掘算法，建立销售力模型和风险指数模型，为企业的战略决策提供数据支持。

双中台战略帮助 A 企业实现了智慧交易，解决了 A 企业的内忧与外患，是 A 企业突破发展阻碍的重要途径。此外，它还帮助 A 企业在保留核心价值的前提下进行创新，使 A 企业可以更好地满足用户需求、适应市场的发展趋势。

第 14 章

数字化转型决心——企业成长战略决策

改革开放四十多年来，中小企业发展很快，已经在国民经济中发挥越来越重要的作用。总的来说，中小企业大多数是依靠创始人、企业主抓住某个市场机会“野蛮”生长起来的。大部分中小企业主都善于辨别机会、勇于尝试。可以说信息是他们决策的关键，值得关注的是快速反应和分析给予中小企业持续的竞争优势，这个核心竞争优势被称为动态能力。

安第斯•彭罗斯在其著作《企业成长理论》中提出了“资源—能力—企业成长”的分析框架，成为后世很多研究者所遵循的基本逻辑。

企业的成长是综合因素的结果，不同行业、不同阶段产生决定性作用的因素也是不一样的。无论是企业家自身因素（远见、影响力、企业家认知）、企业的管理机制（管理机制、员工成长）、企业文化、资本结构、核心技术、知识储备等因素都是促进企业成长的内部因素，行业发展阶段、市场空间大小、企业目标设定、竞争对手的能力等是企业成长必须面临的外部因素。

在5G为代表的移动互联网时代，随着传感器、摄像机、语音识别、生物识别等诸多数据采集技术进入成熟阶段，万物互联迎来海量数据的爆发。对于国家战略来说，我国与工业化时代先行一步的欧美发达经济体终于站在了同一起跑线，甚至有机会弯道超车的机会。中小企业也要随风凭借力，适时抓住数字化转型升级的机遇，塑造企业的中长期竞争优势。

《中华人民共和国国民经济和社会发展第十四个五年规划和2035年远景目标纲要（草案）》提出，迎接数字时代，激活数据要素潜能，推进网络强国建设，加快建设数字经济、数字社会、数字政府，以数字化转型整体驱动生产方式、生活方式和治理方式变革。而后发布的“十四五”数字经济发展规划进一步指出，加快企业数字化转型升级。引导企业强化数字化思维，提升员工数字技能和数据管理能力，全面系统推动企业研发设计、生产加工、经营管理、销售服务等业务数字化转型。

14.1 企业成长战略决策的主流理论支持

数字化时代，企业决策者获得了更多的数据，无论是企业内部数据，还是企业外部数据。企业决策者拥有了更多的决策依据。基于此，企业成长理论也必然进入更加数字化的动态竞争能力的塑造时代，这将为企业下决心做数字化转型提供重要的理论支持。

1959年，约翰霍普金斯大学教授安第斯·彭罗斯（Penrose）出版了其著作《企业增长理论》，从经济学角度研究企业内部动态活动来分析企业行为。他认为，企业是一个管理组织，同时也是人力、物力资源的集合，企业内部的资源是企业成长的动力。彭罗斯通过建构企业资源—企业能力—企业成长的分析框架，揭示了企业成长的内在动力。

20世纪60年代初期，美国开始发展出企业战略理论。安东尼、安索夫和安德鲁斯奠定了战略规划的基础，三者的“三安范式”战略思想在申德尔和霍弗的《战略管理》中得到了体现和传播。伊戈尔·安索夫在《企业战略》一书中论述了企业产品—市场战略决策过程。他认为，企业成长要向良性的特长领域发展，尽可能向有关联的经营项目发展，以取得较为有利的竞争地位。

20世纪70年代是环境适应学派的时代，环境的不确定性是战略研究的重点。之后迈克尔·波特提出了竞争战略理论，认为企业战略的核心是获取竞争优势。在20世纪80年代中期就出现的资源学派是竞争战略的综合理论分析框架，以沃纳菲尔特、大为·柯林斯、塞西尔·蒙哥马利等为主要代表的资源学派，是目前最为流行、主导企业竞争力理论论著基调的主流学派。

彼得·德鲁克认为，企业经营成长的控制性因素是企业的最高管理层，要不断地保持和加强企业的创新精神，实行有效的创业管理是在不断变化环境中生产发展的先决条件。中高层管理者的能力水平非常重要，在某种程度上决定了企业的成长方向和速度。保罗·萨缪尔森认为企业成长是企业调整产量达到最优规模的过程。威廉·爱德华兹·戴明提出企业产品质量精益管理的 PDCA 循环管理概念推动日本企业的精益生产。

随着 20 世纪 90 年代全球市场环境的变化，资源基础论和核心能力论开始流行，形成了资源学派和能力学派。

数字化转型，对于中小企业而言，是一个重大机遇，但也面临巨大的挑战。有企业成长理论的指导，企业决策者能更好地理解和应用。可以看到，国内大多数市场已经是供大于求的存量市场，结合大数据的应用，企业成长战略势必从抢夺市场的拓展阶段，逐步转向用企业竞争优势获得存量市场竞争地位的发展阶段，这是一个巨大的进步。对于多数缺乏硬科技创新的中小企业具有很实际的指导意义。

资源学派给数字化转型的战略决策指明方向。1984 年沃纳菲尔特发表了“企业的资源基础论”一文，他提出了公司内部资源对公司获取并维持竞争优势具有重要意义，成为后来企业战略资源基础理论最具影响力的经典论文。资源基础理论强调企业的竞争优势在于企业自身的特质资源，包括有形和无形资源。独特资源是企业持续竞争优势的基础，资源是异质性的，不能完全移动，所以要不断提高企业收益，将短期的竞争优势转化为持续的竞争优势。

资源学派的主要观点有：企业建立强有力的内部资源优势会远胜

于拥有突出的市场优势。企业的核心竞争力来源于企业拥有的资源数量、质量及其使用效率。企业自身的资源是企业竞争优势的基础。由于各个企业的管理者思维不同、企业所处市场区域不同、企业发展路径不同，所拥有或控制的资源状况也就不可能完全一样，因此独特资源的运作效率、盈利能力的高低和差别得以显现，成为不同企业发展的区别。

基于资源学派的理论，我们可以发现企业所能拥有的数据，无论是财务数据、产品数据、生产数据、供应链数据、人事管控数据等企业内部数据，还是行业数据、同行竞争对手数据、替代产品数据、目标市场数据等企业外部数据，均是企业的资源，区别是企业能否识别或学会使用这些资源。数字化时代企业核心竞争力构建的核心和关键就是企业拥有这些数据资源，且数据资源的质量与使用效率高。

对于企业来说，数字化转型的首要方向就是如何拥有这些数据，以及有效利用这些数据。随后从企业各个模块开始，逐步升级转型。

14.2 数字化影响企业成长战略决策的制定

如今，随着云计算、物联网迅速普及，各企业增强了对于数据资产保存和利用的意识，通过物联网、大数据对产业进行变革的意愿也越来越强烈，这为管理者进行决策分析和制定决策方案提供了丰富的数据来源。这些非结构化数据复杂程度高、分析难度大，这就要求决策者必须拥有熟练的数据资源分析能力，要求企业决策者对于企业未来有明确的发展目标和未来期许。

外部海量数据的获取与有效分析必然推动企业的战略决策模型

也相应发生重大转变。企业内部数据获取就是“知己”，海量外部数据的分析判断就是“知彼”。正所谓“知己知彼，百战不殆”。数字化正在开始或已经开始不同程度地影响到企业的成长战略决策。企业通过收集、获取有价值的数据和信息，通过挖掘这些数据中的隐藏信息，企业开始预测市场发展空间、需求变化趋势、潜在可进入区域等，进行智能化决策分析，从而制定更加行之有效的企业成长战略。企业的决策者对于数据的采集、分析、解读能力，将成为发展战略决策的关键。

14.2.1 企业内部精准数据是成长战略决策的判断基础

在移动互联网时代来临以前，大规模的数据记录与获取并不容易，企业用于发展战略决策的信息更多是企业内部管理数据，包括了财务数据、市场数据、人事考核数据等。外部数据依赖新闻资讯或行业协会的统计，有时或需要一部分定量的抽样调查。

但基于统计、经济分析、数学建模等学科能力的发展，企业成长理论也逐步从理性逻辑论证发展成为数学模型分析的验证性理论。扩大大数据的定义，从数据统计和建模分析开始，可以认为大数据时代已经存在几十年，并不是完全全新的技术，此前主要应用在市场分析、业务分析、财务模型建立，收入顶线预估。

在传统管理决策中，通常需要基于领域内的经典理论假设构造模型，进而解决具体的现实问题。现在，企业已经可以做到对各个部门、环节的数据进行有效采集，而且都是精准的数据。企业内部的精准数据，能全面地展现企业全貌，看到企业的薄弱环节。例如销售不畅，是因为供应链能力不足，还是生产品控有问题，或是财务支持不得力，还是营销推广不够到位，这些都能通过内部数据清晰地看到。对于某个未来的决策，同样能看到内部是否有足够能力或需要挖掘潜力才能达到。

对于中小企业，无论已经开始数字化转型，或尚未进行数字化转型，都要充分理解，企业内部的大数据可以将实体的企业完整地通过数字化方式，虚拟地、可视化地呈现在企业决策者面前，这将为企业决策者带来可视化的、可对比的、可模拟的全新决策模式，从而构建数字化时代独特的企业发展决策模式，亦可使企业家获得前所未有的“洞察能力”，大幅度提高了企业决策的全面性。尽管大数据具有复杂性，但由于它的范围广、多层面、结构复杂的特点，会给企业带来更加准确的决策结果。在大数据时代，这些数据的全面性与创新性，直接带动企业敢于创新、更快发展。

14.2.2 外部海量数据的有效分析是成长战略决策的灯塔

麦肯锡认为，大数据不仅仅是企业内部管理软件设定的指标和规范的数据，而是指其数据大小超出了典型数据库软件采集、储存、管理和分析能力的数据集。该定义有两方面内涵：一是符合大数据标准的数据集大小是变化的，会随着时间推移、技术进步而增长；二是不同部门符合大数据标准的数据集大小会存在差别。

大数据具有4V特点，即规模性（Volume）、多样性（Variety）、高速性（Velocity）、低价值密度（Value）。

数据为王的大数据时代已经到来。21世纪以来，随着互联网技术和通信技术的发展，一些传感设备、移动终端等接入到互联网络中，各种传感数据、物联数据、统计数据、交易数据从各行各业源源不断地快速生成。网络中传输的各种图片、声音、文字以及这背后隐藏的用户习惯等形成了互联网上的海量数据资源。

这些海量数据，又恰恰开始勾勒出消费者的消费行为、品牌喜好、代际变迁、群体多寡变化以及产业趋势、科技进步方向，甚至一个区域经济的好坏、一个产业的兴衰、一个国家的稳定等。这些都展现了未来的市场空间、未来的发展趋势。对于企业来说，消费者需要的、消费者抱怨的、科技进步带来便利的……，都将是企业面对未来决策的基础。这不仅仅是跑赢竞争对手的机会，也同样可以最快速地判断竞争对手是如何决策的，从而塑造企业的长期竞争优势。

14.2.3 企业家精神是大数据分析的核心

企业发展战略决策不仅仅依靠管理理论和高质量的数据和信息，企业决策者的作用也非常大。我们常说企业经营的成败首先取决于战略决策的正确与否，而决策的正确与否取决于企业决策者的眼界、心态，以及对于企业未来目标的期望。企业所采集的数据、信息、资讯其实是中性的，同一个资讯信息在不同的企业决策者眼中可以是积极的，也可以是负面的，做出的发展决策可以是激进的，也可以是保守的。这就是企业的决策者在大数据分析中的作用。

管理学大师彼得•德鲁克（Peter F. Drucker）在其1985年出版的《创新与企业家精神》著作中认为：“企业家就是赋予资源以生产财富的能力的人。”企业家精神在企业核心竞争力的形成机制中起着决定性的作用。

进入万物互联的时代以来，企业发展的性质和外在环境都发生了巨大的变化。企业组织机构有的更加庞大，有的更加扁平且灵活，有的管理功能更加复杂，快速的信息传递与互动，导致企业之间的联系越来越紧密，不同企业间的边界也越来越模糊，构建企业发展的资源体系在更大的范围内重新组合和优化配置。

充分的内外部数据、正确的分析模型能减少决策的很多不确定性，同类企业的成功越来越多可以被复制或洞察。快速的资讯传递，也加速了市场的迭代发展，加速了潮流与风行，消费者需求个性化、差异化、异质化特征越发明显，影响企业增长决策的因素更加复杂和多样化。

企业决策者面临着越来越大的决策难度，单凭以商业直觉、过往经验等为基础的传统决策方法已远远不能满足日益复杂的战略决策的需要。大数据时代的企业发展决策，是要将定性决策（企业家精神）与定量决策（大数据分析）相结合。“大数据”可以认为是“分析”的另一种表述，它寻求从数据中萃取知识，并将其转化为商业优势，而不是仅停留在数据和信息的简单汇总层面。

14.3 数字化转型的风险边界：过度依赖数字化

在中国的传统哲学中，“中庸”“适可而止”是贯穿文化脉络始终的，“过犹不及”更是经典。应用到企业管理、企业战略决策上，恰有独特的中国式管理的魅力。在快速到来的数字化冲击之下，中小企业的数字化转型战略，或许更要把握“度”。

大数据时代的来临，企业界对数据的依赖性急剧上升，以数据为基础的定量分析方法逐渐取代过往理论假设、成功经验、商业直觉等为基础的定性分析方法。“数据驱动决策”是大数据战略决策的显著特点。已经有研究表明，越是以数据驱动决策的企业，其财务和运营业绩越好。大数据改变了长期以来依靠管理学理论和企业家思想的决策方式，精准的数据分析让决策重心回到了所要解决的问题本身。

14.3.1 对市场空间的判断，不能过度依赖数字化

身处大数据时代，工业化时代产生的企业发展战略理论、创新理论势必随之进化。大数据洞察正是最佳的切入点，“大数据”意味着企业所拥有的资源边界，从企业内部拓展到企业外部，所有关联的外部数据都将成为企业用于构建发展战略或创新战略的重要影响因素。

企业的数字化转型包括了企业内部数字化升级，如生产制造、营销推广、财务内控等在内的运营决策体系数字化，也包括了支持企业发展战略决策的“企业外部大数据采集与分析”。这不仅涉及大规模的数据体量、多样化种类的数据集，还包括对这些数据进行高速采集、处理与分析以提取价值的技术架构与技术过程。这要求有足够的能力可基于这些海量大数据的分析，使用好如云计算、可视化、物联网、数据挖掘、Hadoop 等处理技术。这就带来了数字化转型的风险，以及风险边界的设定问题。

提升“大数据洞察”能力意味着以管理层为代表的决策层，在企业决策能力、动态决策能力方面需要升级，必须拥有处理、分析、洞察“企业外部的数据资源”的能力。传统的决策因为数据稀缺，依赖决策者的经验，而大数据可以保证从问题出发而不用担心数据缺失或者数据获取困难。

相反的另外一面，过度依赖数字化，可能导致拘泥于数据模型的范围框架，进而导致企业成长的战略高度不够，看不到更多的行业发展趋势，特别是跨行业的可替代性的竞争对手。例如传统燃油车车企在面对电动车、新能源车的发展决策时，恐怕也无法单纯基于数字化进行思考。无论从能源转换效率、碳排放量、研发投入以及智能化的发展趋势来看，新能源车尚未是成熟的可投资领域。这也是诸多燃油车巨头迟迟无法决策如何进入新能源车的关键。

过度依赖数字化，也可能使决策缺失企业家的冒险精神、社会责任等感性的因素。企业的发展，特别是品牌化企业的发展，需要品牌有感性的一面。感性的、拟人化的企业品牌，才能深入目标消费者的内心，才能与目标消费者产生共情，才能带来更持久的竞争优势与市场空间。

14.3.2　多元化发展的企业，适度跨界的决策

企业是多元化发展还是专业化发展，总是成为企业发展战略决策重要的决策点。改革开放四十多年来，可以看到多数中小企业的多元化发展是基于市场机遇的偶然所得与企业家积极进取的精神碰撞的结果。但大量的事例表明：多元化发展既可能使企业另辟蹊径，获得超常规发展；也可能拖累原有主业，直接导致企业走向失败。

企业能否多元化发展，或许参考数字化转型的战略，可以获得更为清晰的思路。企业内部数据的分析可以清晰了解企业的短板、弱点，以及如何继续发挥优势所长，企业外部数据可以知晓竞争对手的动向，研判自身产业的空间，预见可替代产品的可能性，以及跨界拓展其他市场空间。有这些数据和数据分析的结果，运用系统动态的观点，将当前行业现状、配套资源、核心竞争力、技术创新、组织调整、文化提升、人员学习等战略要素进行系统整合，确认适度跨界多元化发展的战略决策模型。

14.3.3　企业内部数据不一定准确反映未来趋势，外部数据洞察是必修课

当前，推动数字化转型升级是国家力推的发展战略性政策，已经

有诸多企业逐渐进入这个领域。在数据化海量采集、分析，在市场营销、品牌推广、生产制造、供应链等多个数字化应用领域已经出现很多案例，且在原有企业竞争理论的范式框架获得理论论证和支持。甚至，随着云计算、边缘计算等计算机算力的提升，中小企业的数据资源和处理能力得到提升，很多决策场景开始进入自动化反馈机制。因为消费者多数行为模式、目标市场、企业自主品牌、标准化生产、财务或供应链越来越多地可以进入模式化、程序化的自动反应机制。

但同时，我们依然要清晰地看到很多局限性。企业所面临的数字化，涉及企业内部数据和企业外部数据。而凡是能被获取的数据，其实都是已经产生的过往数据。若是单纯的企业内部数据，很难准确反映发展的未来趋势。而外部数据，也夹杂着大量干扰的数据，数据的误读或不同的解读方式，都会影响企业的发展战略决策。企业如何前瞻未来、设定创新路径，均不是企业内部数据的分析可以得出的。

大数据分析，特别是外部数据的洞察，将成为中小企业获得长期竞争能力的重要方法。企业可以通过分析这些积累的超大规模数据，利用大数据技术精准地掌握目标消费市场、消费行为的偏好，从而判断竞争对手的动向、洞察市场发展趋势，领先一步获得竞争优势。